잠시
쉬어 가세요,
런던의
심리상담실

咨询师, 我为什么不快乐

ISBN: 9787115636867

This is an authorized translation from the SIMPLIFIED CHINESE language edition entitled 『咨询师, 我为什么不快乐』 published by Posts & Telecom Press Co., Ltd., through Beijing United Glory Culture & Media Co., Ltd., arrangement with EntersKorea Co.,Ltd.

이 책의 한국어판 저작권은 ㈜엔터스코리아를 통한 중국 Posts & Telecom Press Co., Ltd. 와의 계약으로 ㈜다빈치하우스가 소유합니다.

인이이 지음
장려진 옮김

잠시 쉬어 가세요, 런던의 심리상담실

불안한 영혼들을 위한 Dr. Yin의 감정 수업

이든서재

프롤로그

우리에겐 하루를 제대로 살아갈
마음의 힘이 필요하다

저는 심리상담사이자 직장인으로서 지난 몇 년간 직장 생활과 업무를 통해 수많은 사례를 접하고 많은 깨달음을 얻었습니다. 그런 저도 물론 다른 사람들처럼 삶에 치여 슬프거나, 힘들거나 절망할 때가 있습니다.

우리는 각자 주어진 인생의 여러 역할을 하기 위해 매일 노력합니다. 하지만 언제고 뜻대로 되지 않는 순간들이 찾아오죠. 저는 런던의 중심부인 할리가Harley Street에 위치한 심리상담실에서 성공을 이룬 수많은 엘리트와 상담을 진행했습니다. 그런데 누구보다 성공한 삶을 사는 것 같았던 이들이 뜻밖에 공통된 질문을 던지더군요.

"선생님, 즐거움을 되찾으려면 어떻게 해야 하나요?"

바로 이럴 때 심리상담이 필요합니다. 심리상담은 삶에 의문이 생길 때 탐색을 하는 여정이기 때문이죠. 이들은 필사적으로 노력하여 많은 성과를 거두었지만, 정신 건강을 소홀히 하고, 바쁘다는 핑계로 치료를 미루다가 최후의 수단으로 부득이하게 도움을 받으러 옵니다.

인생의 즐거움은 스스로 찾아내야 합니다. 그런데 바쁘게 살아가는 우리는 어떤가요? 늘 어딘가 부족하고 당장 눈앞에 닥친 일과 다른 사람의 평가 때문에 불안함을 느낀 적은 없나요? 자신을 사랑하고 받아들이는 일이 너무 어렵게 느껴지지 않나요? 혹은 과거 가족에게 받은 상처를 안고 힘겹게 앞으로 나아가고 있진 않나요? 건강한 삶을 살고 눈부신 성과를 내고 싶지만, 살아가기에 급급한 나머지 자신의 내면을 소홀히 하고 있지는 않나요?

'심리학'은 사람들의 마음을 건강하게 만드는 방법을 연구하는 사회 과학이고, '심리상담'은 정신 건강에 필요한 일종의 응급 처치이자 우리의 마음을 오랜 기간 건강하게 유지하게 하는 가장 효과적인 방법입니다. 하지만 사람들에게 '정신 건강'이란 여전히 낯선 개념이고, '심리상담'은 인생의 '사치'로 여겨집니다.

제가 이 책을 집필하는 이유도 바로 여기에 있습니다. 특히 심리상담 자원이 부족한 환경에서도 누구나 스스로 질문하는 방법을 배우고, 질문 속에서 자신이 심적으로 힘들어하는 이유를 찾아 치유를 시작할 수 있기를 바라는 마음으로 실제 상담에서 오간 대화 내용을 최대한 그대로 복기했습니다.

저는 시티런던대학교에서 심리상담으로 박사 학위를 취득한 이후 줄곧 런던에서 근무하며 현재까지 최소 3만 시간 이상 상담을 진행했습니다. 런던은 다원화된 문화적 요소가 공존하는 도시입니다. 덕분에 제가 만난 내담자들도 모두 다른 배경을 가지고 있었습니다. 그런데 사람의 감정은 다들 비슷하더군요. 그래서 현대인이 흔히 겪는 불안, 자기감정에 대한 이해 부족, 자신을 수용하지 못하는 어려움, 자신에 대한 사랑 부족과 같은 문제에 관해 대표성을 가진 20여 건의 사례를 특별히 선별했습니다. 이 사례들이 현재 여러 심리 문제를 겪고 있는 사람들에게 도움이 되기를 바랍니다.

인류는 강하지만 또 한없이 약합니다. 지쳐 있을 때는 인생의 큰 시련을 겪지 않았는데도 마음이 바닥으로 곤두박질치기도 합니다. 이런 상황을 겪고 계신 분들에게 제가 선별한 실제 사례와 사례 속 내담자의 성장 과정을 통해 '부디 걱정하지 마시라'고,

'전부 괜찮아질 거'라고 말씀드리고 싶습니다. 그 바닥을 딛고 일어나 걸어 나오는 과정에서 우리는 한층 성장하고 보다 큰 힘을 얻을 수 있으니까요.

물론 삶은 쉽지 않습니다. 뜻대로 되는 법이 없죠. 그러니 우리는 자신의 심리적 자원을 잘 지켜야 합니다. 이 책에서 저는 최신 심리학 연구 이론과 효과적인 여러 심리학적 팁을 활용하여 여러분의 정신 건강의 회복을 돕고자 합니다. 마음이 건강해야 앞으로 닥쳐올 여러 도전에 끊임없는 용기로 맞설 수 있고, 인생의 아름다움을 만끽하는 긍정적인 자세를 유지할 수 있으니까요.

또한 우리는 생각보다 훨씬 강하다는 사실을 꼭 기억해 주세요. 이 책의 각 사례 당사자가 수많은 고통과 어려움, 심지어 절망까지 겪었지만 스스로 용기를 내서 결국 자신을 되찾은 것처럼 여러분도 그렇게 할 수 있습니다. 자신과 화해하고, 자신을 포용하고 사랑함으로써 삶의 즐거움을 찾을 수 있기를 바랍니다.

마지막으로, 제게 인생의 경험을 공유해 준 모든 내담자분께 깊은 감사를 전하고 싶습니다. 그들의 속 깊은 배려 덕분에 이 책이 탄생할 수 있었습니다. 또한 프라이버시 보호를 위해 내담자들의 세부 상담 내용은 수정을 거쳤으며, 관련 설명 또한 당사자의 허락을 받았음을 미리 밝혀두고자 합니다.

제게 왜 인내해야 하는지, 왜 강인해져야 하는지에 대한 가르침을 주고, 또 다가오는 삶을 올바르게 맞이하도록 자신감을 부여해 준 그들은 저의 참된 영웅입니다.

아울러 이 책이 성공적으로 출판될 수 있도록 아낌없는 격려와 인내를 보여주신 편집자 선생님들께도 깊은 감사를 드립니다.

저자 *인이이*

차례

CHAPTER 4

진심으로 자신을 사랑하는 법 배우기

1

불안과
우울을
직면하라

완벽하지 않은 사람만이
성장한다

상담실 오픈 시간은 오전 9시. 그런데 간혹 오늘처럼 8시에 특별 상담을 요청하는 내담자가 있다. 그러면 나는 오픈 한 시간 전에 도착해 업무를 시작한다.

8시. 상담실에 도착하자 벌써부터 입구에서 나를 기다리는 내담자의 모습이 보였다. 그녀는 불안한 듯 계속해서 시계를 확인했다. '엄청 바쁜 분인가 보네.' 나는 이런 생각과 함께 문을 열어 그녀를 맞이한 다음 커피 한 잔을 내려주었다.

반듯하게 다려진 고급스러운 모란디 계열의 복장, 과하지 않게 혈색을 살린 적당한 메이크업, 한눈에 봐도 장기간 운동으로 다져진 듯한 균형 잡힌 몸매까지, 내담자의 용모는 그야말로 세련된 커리어 우먼처럼 보였다.

'자기 관리도 잘하시고.' 나는 속으로 조용히 그녀를 분석했다. 하지만 그녀의 내면은 또 다른 문제였다. 겉모습은 우리가 외부에 가장 보여주고 싶어 하는 '가면'인 경우가 많기 때문이다.

자격을 갖춘 상담사들은 대체로 '디테일의 끝판왕'들이다. 나또한 그녀가 상담실 문을 열고 들어오는 순간부터 내담자를 분석하기 시작했다. 이른 상담 시간을 예약하고, 계속해서 시계를 확인하는 소소한 동작, 초조하게 기다리는 모습에 나는 무의식적으로 '불안 문제를 겪고 있을 확률이 아주 높다'라고 예상했다. 아니나 다를까, 검사 결과 그녀의 불안 지수는 무려 18점이 나왔다. 불안도 테스트의 총점이 21점인 것을 고려하면, 정갈해 보였던 내담자의 불안은 이미 '폭발 직전' 단계까지 이른 것을 알 수 있다.

그녀는 실제로 오랜 시간 불안감에 시달리고 있다고 토로했다. 특히 최근에 증상이 더 심해져 수면제를 먹거나 술을 마시지 않으면 잠을 이룰 수 없을 정도로 심각한 수면장애를 겪고 있었다. 내가 물었다.

"평소에는 어떻게 휴식을 취하시나요?"

그녀는 이해할 수 없다는 듯 나를 보며 반문했다.

"휴식이요? 회사와 집에서 허락해 주질 않는데 제가 어떻게 쉬겠어요? 물론 저 스스로도 쉬는 걸 허락하지 않지만요."

나는 다시 물었다.

"어쩐지…. 계속 회사 업무와 집안일을 걱정하느라 자신을 몰아붙이고 계셨군요. 다른 사람들은 내담자님을 슈퍼우먼쯤으로 여기겠어요. 그러면 허락이 안 된다는 건 무슨 뜻인지 들어볼 수 있을까요? 누군가 쉬지 못하게 막고 있나요? 만약 그렇다면, 그건 본인인가요? 아니면 다른 식구들인가요? 직장과 가정생활에서 혼자서만 고군분투한다고 느끼십니까? 혹시 무슨 일이든 최고가 되어야 한다고 여기는 편인가요?"

그녀가 나를 보며 단호하게 말했다.

"당연하죠!"
"그렇다면…. 본인이 생각하는 최고란 무엇인가요? 제겐 최고가 되기 위해 불안에 시달리는 내담자의 모습만 보이는데요. 저와 상담하는 이 시간조차 계속 시계를 확인하고 계시는 걸 보니 스케줄표가 내담자님의 인생을 매일 통제하고 있는 것 같네요."

그녀의 두 눈이 휘둥그레 커졌다.

"어떻게 아셨어요? 매일 스케줄표에 작성된 첫 번째 일과로 하루를 시작해요. 그리고 그 스케줄을 마쳐야 겨우 한숨 돌리죠."

3년 전 남편과 이혼한 뒤로 그녀는 아빠의 역할까지 동시에 감당하기 위해 단 1분도 쉬지 않고 달려왔다. 아이를 실망시키고 싶지 않은 마음이 제일 컸지만, 회사에서 개인적인 사정 때문에 일에 전념하지 못한다는 이야기를 듣고 싶지도 않았다. 그래서 틈만 나면 '하나도 놓치지 않고 모든 걸 완벽하게 해내야 한다'라며 자기 최면을 걸었다.

그녀의 스케줄은 촌각을 다툴 정도로 빼곡하다. 아침 6시에 일어나 운동을 하고, 7시에 두 아이를 깨우고 아침을 먹인 다음 등교시킨다. 낮에는 투자 회사의 고위 임원으로서 종일 회의와 업무에 시달리고, 퇴근 후에는 아이들을 픽업하고 집으로 돌아와 서둘러 저녁 준비를 하고, 식사가 끝나면 아이들의 공부와 숙제를 지도한다. 이렇게만 해도 벌써 10시가 훌쩍 넘지만, 그 뒤로도 그날의 업무 상황을 복기하고 업무 메일을 회신하다가 12시가 넘어야 겨우 휴식을 취한다.

그녀가 내게 물었다.

"제가 잘못하고 있는 건가요? 완벽하게 하고 있다고 생각하는데, 설마 아직도 부족한 게 있을까요?"

"업무적인 부분이나 아이들 양육적인 부분에서는 충분히 잘하고 계세요. 다만 본인에게 너무 가혹하단 게 문제죠. 제 생각에 지난 3년간 울어본 적이 없었을 거 같은데요? 쌓이는 감정을 억누르기만 하면 불안이 돼요. 그 상태가 오래 지속되면 우울증을 유발할 수도 있고요. 무엇보다 더 중요한 사실이 있어요. 그렇게 '완벽함'을 추구해서 과연 즐거운가, 하는 문제인데, 이 질문의 답은 우리 둘 다 알고 있어요. 그렇지 않다면 선생님이 지금 제 앞에 앉아 있지 않을 테니까요. 안 그런가요?"

완벽주의에 관한 심리학 연구는 매우 다양하게 진행되고 있다. 심리학적 측면에서 완벽주의자들은 주로 다섯 가지 경향을 보인다. 첫째, 자신에 대한 요구가 높고, 둘째, 남들이 자신에게 높은 기대치를 가지고 있다고 생각한다. 셋째, 완벽하지 않으면 비판을 받거나 예측 불가능한 재난이 닥칠 것 같은 기분이 들고, 넷째,

Ch. 1_ 불안과 우울을 직면하라

끊임없이 자신을 의심하며 요구와 절차를 엄격하게 통제한다. 다섯 번째, 절대 실수를 용납하지 않는다.[1]

모든 연구 결과는 기본적으로 '완벽주의는 자기 구속과 거의 동일하다'는 하나의 결론으로 귀결된다. 완벽주의자는 자신에 대한 요구치가 높은 것은 물론, 결과에도 굉장히 신경을 쓰기 때문에, 완벽주의 성향이 짙을수록 불안 지수도 높아진다. 또한 완벽을 추구하기 때문에 아주 작은 비판과 좌절에도 지난 노력이 수포가 되었다고 느낄 수 있다. 이런 완벽주의를 고치려면 자신을 재수용하는 방법을 배워야 한다.

완벽주의를 추구하게 만드는 진짜 '원흉'은 사실 자기를 불신하는 것이다. 완벽하지 않으면 아무도 나를 봐주지 않을 것 같고, 다른 취업의 기회는 더 이상 없을 것 같은 불안감에서 비롯되는 것이다.

'완벽주의'는 일반적으로 극도의 자기 관리를 수반한다. '완벽'이란 강한 의지력이 있어야만 유지될 수 있기 때문이다. 그러나 자기 관리는 장기적인 발전과 단기적인 욕망의 투쟁 사이에서 생성된 것인 만큼 맹목적인 자기 관리는 결코 이성적이라 할 수 없다. 대부분의 사람은 현재의 즐거움을 추구하는 반면, 자기 관리가 가능한 사람들은 중장기 목표에 중점을 둔다. 맹목적인 자기 관리는 언제나 미래를 대비하며 발생할지 모르는 문제를 '예방'

하는데 삶의 무게를 두기 때문에 현재의 모든 순간을 안심하고 즐기지 못하게 된다. 그로 인해 이들이 느끼는 불안도 더 커진다.

사례 속 내담자가 자기 관리를 철저히 하는 만큼 더 큰 불안을 안고 있는 것과 마찬가지다.

또한 완벽을 추구하며 극도의 자기 관리를 하는 사람들은 자신을 받아들이는 정도가 상대적으로 낮을 수밖에 없다. 그래서 좌절과 실패를 겪게 되면 자신에게 특히나 혹독하게 굴고, 자기 비하나 자기 배척에 빠지기 쉽다.

내게 상담하러 온 내담자도 이 때문에 마음 편히 쉬지 못했다. 엄격하게 자기 관리를 하는 만큼, 관리되지 않은 자신을 용납하지 못한 것이었다. 이 내담자의 삶은 꽉 조여진 나사처럼 숨 쉴 틈조차 없었다. 나의 분석을 경청한 그녀는 속상한 듯 말했다.

"그런데 새로운 걸 시도할 여유가 정말 없는걸요."
"시도도 해 보지 않고 어떻게 알겠어요? 매일 최소한 15분 동안은 본인 외에는 아무도, 아무것도 걱정하지 말고 '온전한 나'로 보내는 시간을 가지세요. 또 본인의 노력을 그 누구와도 비교하지 마세요. 몸매, 직업, 자녀, 교육 등을 다 포함해서요. 이런 것들은 불안을 가중할 뿐이거든요. 지금은 자신을 돌보는 법을 배우고, 어떻게 하면 현재를 잘 살아갈 수 있을지에 집중해야 해요. 그리고 실수를 하면 책임지고 다시 시작할 충분한 능력이 있다는 사실을 믿는 것도 중요해요. 그러다 보면 나중에는 훨씬 편해질 거예요. 지금 자신을 돌보지 않으면 원동력의 샘물이 말라 버릴 테니까요."

그렇게 상담 치료가 끝날 때쯤, 그녀의 긴장은 눈에 띄게 줄어 있었다.

그녀는 명상을 시작했다. 물론 처음에는 머릿속이 뒤죽박죽이었지만, 자신에게 시간을 할애할수록 점차 이를 유지할 내력이 생겼다.

또 자녀들이 스스로 학습 내용을 점검하도록 독려하기 시작했다. 자녀들이 엄마인 자신만 바라보지 않고 독립성을 키울 수 있도록 돕는 것이다. 그리고 무려 5일의 장기 휴가를 신청해 그동안 가장 가 보고 싶었던 해변에서 경치를 즐겼다. 물론 그 5일 동안 엄마한테 맡긴 자녀들이 걱정되기도 했지만, 그녀는 그저 바닷가에 앉아 숨을 쉬는 것만으로도 그동안 잊고 지냈던 해방감을 되찾을 수 있었다.

이 사례를 통해 우리는 사고방식과 생활 습관도 바꿀 수 있다는 사실을 알 수 있다.

완벽한 사람이 지속적인 성장을 이룰 수 있을지는 장담하기 어렵지만, 완벽을 추구하는 사람이 자신에게 가혹하다는 것만큼은 분명하다.

당신이 완벽하게 세운 벽은 스스로 부수고 나오지 않으면 아무도 들어갈 수 없다. 앞으로도 계속 성장하기 위해서는 자신을 받아들이고 세상을 느껴야 한다. 어떻게 보면 완벽을 추구하는 것은 자신의 가치를 다른 사람의 손에 올려놓는 것과 마찬가지다. 하지만 자신의 가치는 스스로 결정해야 불안이 사라지는 법이다.

다음의 'Dr. Yin의 심리상담 TIP'이 여러분의 마음을 한결 편안하게 만드는 데 도움이 되었으면 한다.

- 내가 할 수 있는 범위에서 일부러 실수를 해 보세요. 예를 들어, 방에 있는 물건이 언제나 제자리에 있을 필요는 없겠죠? 옷을 일부러 의자에 아무렇게나 툭 걸쳐 놓아 보세요. 아니면 제때 알려준다는 전제하에 친한 친구와의 약속에 10분 정도 늦게 나가보세요. 그러면 사람들이 생각보다 대수롭지 않게 반응하는 걸 볼 수 있을 거예요. 세상은 절대로 당신 한 명의 실수로 무너지지 않으니까요.

- 일할 때 중요하고 급한 일의 순서를 분명히 구분하고 선택하는 방법을 배워야 합니다. 모든 사안을 전부 중요하다고 판단하면 이것보다 '더' 중요한 일은 없다고 느끼게 됩니다. 다시 말해, 이런 상황 앞에서는 자신마저도 덜 중요한 존재가 될 수 있다는 뜻입니다. 그러니 부디 현재 당신의 능력과 기분에 따라 다른 태도로 각기 다른 일들을 다루고, 시간을 효율적으로 안배하는 좋은 습관을 들여보세요.

- 인지 부분에서는 '흑백'의 이분법적 사고를 지양하도록 노력해야 합니다. 누구나 '기왕 할 거면 무조건 최고로 잘해야 한다'와 같이 사람을 진작시키는 말을 들어본 적이 있을 겁니다. 이런 말을 반대로 생각해 보면, 제대로 하지 못할 바에는 아예 시작도 하지 말

라는 뜻이 됩니다. 이런 극단적인 마음가짐은 우리에게 동기부여가 되기보다는 오히려 무력감만 심어줄 뿐이죠. 작은 성과에도 큰 환호를 보낼 줄 아는 것이 현명하고 올바른 태도라는 사실을 기억하세요.

- 마지막으로 가장 중요한 점은, 항상 '자신을 독려하고 칭찬하는 법을 배워야 한다'는 것입니다. 앞 사례의 내담자도 마찬가지의 경우입니다. 그녀는 모든 일을 훌륭하게 해내고 있음에도 정작 자신의 노력을 제대로 평가하지 않았죠. 혹시 실수를 저질러도 그 뒤에는 이미 멋지게 해낸 일도 있다는 사실을 항상 명심해야 합니다. 남이 알아주기를 조용히 기다리지 말고 스스로 일깨우고, 독려하는 법을 배워보세요.

최고의 효율을 위해 질주하는 남성

'효율'이라는 말로
자신을 옭아매지 마라

내가 소속된 상담실은 런던에서도 상담비가 비싼 센터 중 하나로, 유명한 투자은행과 하이테크 기업을 포함한 많은 대기업이 사원들의 심리상담을 지정한 곳이다. 이런 환경 덕분에 나는 다른 사람들 눈에 '성공'했다고 여겨지는 사람들을 매일 만났다. 그리고 오늘의 내담자도 그중 한 명이었다.

얼핏 서른 정도로 보이는 그는 혹여나 머리카락이 한 가닥이라도 삐져나올세라 가지런히 빗어 넘기고, 잘 단련된 몸에 고급 맞춤 양복을 입은 전형적인 엘리트 직장인의 모습으로 나타났다. 그런데 그가 나를 보자마자 다짜고짜 이렇게 묻는 게 아닌가.

"박사님, 상담을 10분만 일찍 끝내줄 수 있어요? 회의가 있는데 늦을까 봐 걱정돼서요. 오늘 박사님과 상담하려고 새벽 조깅도 뺐다니까요."

"제게 40분이나 할애해 주시다니 대단한 영광인데요? 정말 감사해요."

나는 농담 삼아 답하며 궁금한 점을 물었다.

"그럼, 오늘 상담도 빨리 감기 모드로 진행하기를 바라시나요? 불안해 보이셔서요."

그가 눈을 동그랗게 뜨며 말했다.

"제가 불안해서 찾아온 걸 어떻게 아셨어요? 정말 너무 바빠서 불안할 틈도 없을 정도라니까요. 제 증상 좀 빨리 치료해 주세요. 상담 한두 번 받으면 되겠습니까?"

"불안 증상 때문에 상담을 받으러 오셨으면서 또 불안 때문에 상담 횟수를 8회에서 2회로 줄이자는 말씀이네요. 자신에 대한 인내심이 너무 부족하다는 생각은 안 드시나요?"

"근데 정말 인내심을 가질 시간이 없다니까요! 저는 회사 관리직 중에 유일한 중국인이에요. 완벽하게 해내야만 살아남을 수 있다고요. 이 불안 증세가 저를 '귀찮게'만 안 했어도 심리상담 같은 거에 시간 낭비하지 않았을 겁니다."

이 남성은 심리상담을 진행하는 것 자체를 '시간 낭비'라고 여기고 있었다. 그가 말을 이었다.

"저는 노력만 하면 뭐든 최고로 해낼 수 있다고 믿어왔어요. '최고만이 가질만한 가치를 가진다'라는 게 제 인생의 신조였죠. 저는 어릴 때부터 최고로 손꼽히는 학교에서 가장 좋은 성적을 받았고, 전액 장학금을 받고 영국 최고의 대학에 입학했어요. 지금 제가 받는 급여도 또래 중에서는 가장 많고요. 최고의 모습으로 살아내지 못하면 인생의 패배자라는 기분이 들 것 같아요."

"그럼 항상 '이기는 인생'에 대한 대가는 생각해 보셨나요? 모든 결정과 행위에는 대가가 따르죠. 불안도 일종의 대가라고 볼 수 있어요. 정말로 '패배하지 않는 인생'을 위해 오랫동안 불안해야 하는 대가를 치를 준비가 되었나요?"

그는 잠시 멈칫했다. 이 질문은 그가 그린 인생의 청사진에 존재하지 않는 듯했다. 그는 이 문제에 대해 한 번도 고민해 보지 않았던 듯, 한참 뜸을 들이며 고심하더니 내게 되물었다.

"꾸준히 노력하면 반드시 성공한다고 알고 있어요. 인생의 최정상에 오르고 싶다는 생각이 틀렸다는 건가요? 이기고 싶다는 게 잘못인가요?"

"그런데 인생에 승자 혹은 패자, 이 두 가지 선택지만 있다면 선택의 폭이 너무 좁은 것 아닐까요? 그리고 승패는 결과일 뿐이잖아요? 결과를 얻기 이전에 우리는 길고 긴 과정을 거쳐야 하고요. 인생은 영화가 아니라서 당연히 빨리 감기가 안 돼요. 그렇지 않나요? 제가 빨리 불안을 치료해 주기를 바라시지만, 치유 과정이 시작되면 여러 가지 문제가 드러나고, 본인이 충분히 생각할 시간이 필요하다는 걸 알게 될 거예요. 이런 것들은 빨리 감기를 할 수가 없으니까요. 더욱이 승패라는 기준으로 판단할 수도 없고요."

깊은 생각에 잠긴 그를 보며 나는 말을 이어갔다.

"지금까지 상상도 하지 못할 노력으로 인생길을 걸어오셨을 거라는 짐작이 가네요. 그런데 말씀하신 최고를 달성하지 못했을 때도 분명히 있었겠죠? 그런 상황에서는 어떤 기분이 드셨나요?"

"당연히 엄청난 좌절감을 느꼈죠. 노력도 부족하고, 아무것도 제대로 처리하지 못한 느낌이었어요. 조금만 더 노력하면 최고로 해낼 수 있을 거라고요. 다들 그렇게 생각하지 않나요?"

"그럼 본인이 생각하는 '최고'가 무엇인지 제게 말씀해 주실 수 있나요? 본인에게 최고의 기준은요? 그 기준은 어디서 온 건가요?"

"최고의 기준이 어디서 나왔냐고요?"

그가 대답을 찾으려 고심했다.

"아마도… 남들의 평가?"

"그러면 그들이 내담자님의 불안을 책임질 수 있나요? 내담자님의 감정과 정신 건강을 지켜줄 수 있을까요?"

심리학에서 '최고'라는 단어는 비교[2]의 의미를 크게 내포하고 있다. 일반적으로 우리가 최고를 이루려 노력할수록 결과가 기대에 미치지 않을 때 자기 부정을 하게 될 가능성이 높아진다. 우리 스스로 최고를 요구하는 것은 사실 '실패의 여지가 없다, 착오는 허용할 수 없다'라고 말하는 것과 같다. 그러나 실패나 통제력 상실도 인생의 일부임을 알아야만 한다. 또 심리학적인 측면에서 실패나 좌절은 더 나은 성장의 기회가 되기도 한다.

미국 심리학회가 2012년 제안한 '외상 후 성장 이론'에 따르면 우리는 실패와 좌절을 겪은 후에 오히려 자극을 받는다. 사지에 몰렸을 때 생존하기 위해 발동한 동기가 내면을 한 단계 성장시킬 수 있고, 이를 통해 얻은 풍부한 성장 경험이 다음 좌절에 대응하는 데 도움이 된다.[3] 그러니 실패를 두려워하지 말기 바란다. 더불어 계속 승자가 될 필요도 없다. 인생은 시합이 아니라 성장의 경험을 하나씩 쌓아 만드는 견고한 보루나 마찬가지기 때문이다.

세 번째 상담이 진행되던 날, 그가 주도적으로 내게 물었다.

"더 이상 불안에 떨지 않고 제 감정을 책임지기로 생각을 정리했어요. 이제 방법을 알려주실래요?"

"역시 '효율의 달인'답게 시간을 알차게 쓰시네요. 방법을 말씀드릴 순 있지만 지름길은 아니랍니다. 우선 새벽 조깅부터 이야기해 볼까요? 조깅을 시작한 지는 얼마나 되었나요?"

"조깅과 제 감정이 무슨 상관이죠?"

그는 의아해하면서도 답을 이어갔다.

"조깅을 시작한 지는 5년이 되었어요. 오전 7시부터 8시까지 빅토리아 공원에서 5km를 뛰고 샤워한 다음 출근해요."

"그럼 지난 5년 동안 계절의 변화에 주목한 적은 있었나요? 새싹이 푸릇푸릇 돋고 꽃이 활짝 피는 걸 눈여겨본 적이 있으신가요? 계절마다 공원의 분위기는 어땠나요? 5km의 목표를 완성하고 나면 자연과 하나가 되는 느낌이 들던가요?"

"그렇게 말씀하시니 크게 신경 써 본 적이 없었던 것 같네요. 그저 5km라는 목표만 생각했죠."

"맞아요. 결과에 모든 초점을 맞추면 주변 경치도 눈에 들어오지 않고, 진정한 삶의 경험도 부족해지죠. 인생은 답안지가 아니라서 정답이 없죠. 대신 종점에 도달하기 전에 더 많이 체험하고 경험해야 진짜 자기 인생의 트랙에서 뛸 수 있어요. '불안'은 우리의 내면이 자신에게 '액셀을 너무 세게 밟고 있으니, 가끔 브레이크도 밟아야 해.'라고 알려주는 것과 같아요. 만약 불안이 알려주지 않으면 어느 날 갑자기 마음이 산산이 부서지고 말 거예요. 그럼 앞으로 나아갈 동력을 잃게 되고요."

말을 마친 나의 시선이 창끝에 걸렸다. 때마침 정말 아름다운 계절이었다. 그도 내 시선을 느낀 것 같았다.

"이제 알 것 같아요. 저는 '승리'를 제 인생의 목표로 삼고 있었던 거예요. 하지만 이런 마음가짐은 정신 건강에 부정적인 영향을 미치고요. 맞나요? 제가 생활 속에서 실천할 만한 방법이 있을까요?"

"그럼요, 다양한 삶을 경험하려 노력하며 최대한 현재를 살아가는 거예요. 매 순간 결과보다 과정이 중요하다는 점을 상기하면서요. 오늘은 제가 일하면서 느낀 점을 나눠볼까 해요. 지난 몇 년 동안 상담을 하면서 비슷한 유형의 인생 승자들을 여럿 만나보았답니다. 이분들이 공통으로 보여준 인식의 패턴은 이랬어요. 무조건 노력할 목표를 찾아내야 하고, 적극적이고 발전적이어야 하며, 효율적이어야 하죠. 부정적인 감정이나 가라앉는 기분이 끼어들어서는 안 돼요. 그건 시간 낭비나 마찬가지죠. 운동과 일은 당연히 매우 중요하고요. 그리고 이들이 하는 가장 큰 착각은 '인생도 통제할 수 있고, 행복에도 '기술'이 있다.'라고 생각하는 것이죠. 그런데 즐거움과 행복은 내면에서부터 우러나와야지, 화려한 명품을 걸치는 것쯤으로 여기면 안 돼요. 그러면 아무리 외부의 인정을 받는 성과를 이루었다고 해도 내면의 평화를 잃을 수 있거든요. 그리고 이에 대한 대가가 무엇인지는 스스로 잘 생각해 보세요."

이 내담자는 8번의 상담 치료를 끝까지 이어갔다. 그리고 마지막 날 이런 피드백을 주었다.

"심리상담은 절대 시간 낭비가 아니었네요. 덕분에 제가 느끼는 감정에 대해 분명히 알 수 있었어요. 이제는 삶에 더욱 밀착된 인생을 살기 위해 매일 노력하고 있어요. 어제저녁에는 동문회도 참가했다니까요. 예전에는 이런 모임이 시간 낭비라고만 생각했거든요. 그리고… 동문회에서 여자 후배 한 명을 알게 되었어요. 큰맘 먹고 연락처도 달라고 했고요. 다음 주에 같이 영화 보러 가자고 할 생각인데, 너무 긴장되네요."

"괜찮아요. 제가 팁을 알려드릴게요. 심리학의 인지 치료 요법 중 하나인데, 빠르게 긴장을 완화하는 데 효과적인 방법이랍니다. 긴장이 되면 일단 10초 정도 숨을 깊이 들이마셔요. 그리고 10초간 호흡을 멈췄다가 10초 동안 천천히 숨을 내뱉는 거예요.[4] 이런 호흡 골든 트라이앵글을 10회 반복하면 대뇌에 충분한 산소가 공급돼서 평소 감정을 되찾을 수 있어요. 데이트는 즐거워야겠죠? 지금의 즐거움을 나누는 방법을 배워보세요. 앞으로 불안이 삶의 부담으로 느껴지는 일은 없을 거예요."

우리의 상담은 이렇게 종료되었다. '불안'이라는 감정에 대한 개인적인 의견을 잠시 공유할까 한다. 우리는 모두 '더 나은' 사람이 되고 싶어 하지만, 이것이 진정한 인생의 의미는 아니다. 인생에는 더 많은 즐거움이 담겨있는데, 이기고 싶다는 마음에만 매몰되면 수많은 아름다운 풍경을 놓치게 될 것이다. 결과를 뛰어넘고 과정을 온전히 느낄 수 있어야 더 큰 편안함을 느낄 수 있다.

● 불안을 개선하고 싶다면, 감정을 무조건 배제하기보다 일단 불안
한 상태를 인정한 다음, 불안을 야기하는 이유를 내면에서 찾아
보기 바랍니다.

● 삶에 여유를 가지고 숨 막히는 효율로 자신을 얽매지 마세요.

● 매일 최소 15분은 자신의 감정과 대화하고 연결하는 데 할애해야
한다는 점을 기억하세요. 그리고 이렇게 물어보세요. '오늘은 기
분이 어땠지? 어떤 경험을 했더라?' 여기서 포인트는 자신이 경험
한 세부적인 내용과 과정이니, 작은 실수 때문에 자책하지 마세
요. 그리고 최고가 되지 않아도 된다는 점을 꼭 아셨으면 좋겠습
니다. 이미 충분히 잘하고 있다는 사실을 믿으세요.

● 긴장될 때는 '호흡 골든 트라이앵글법'을 몇 차례 반복해 보세요.

건강염려증으로 매일이 불안한 남성

사라지지 않는 불안 때문에
몸은 비명을 지른다

어느 평일 아침, 그날의 첫 번째 내담자가 상담실로 들어섰다. 첫눈에 위엄이 넘치는 카리스마가 느껴졌다. 반면 그의 내면은 극도로 절제된 듯 '관계자 외 접근 금지'가 연상되는 냉철함이 물씬 풍겼다. '명령을 내리는 데 익숙한 분인 것 같은데' 나는 속으로 조용히 생각했다.

아니나 다를까, 그는 자신을 한국계 영국인으로 헤지펀드 회사의 CTO^{Chief Technology Officer}라고 소개했다. 그는 한참을 머뭇거리다 겨우 한마디를 내뱉었다.

"중병에 걸려서 곧 죽을 것 같아요."

겉으로는 너무나 건강해 보이는 그였기에 나는 조심스레 물었다.

"스스로 몸에 문제가 생겼다고 생각하시는 건가요, 아니면 의사가 그렇게 진단을 내린 건가요?"
"병원을 죽을 만큼 싫어하는 제가 27개 과의 전문 의료진을 찾아다녔어요. 그들은 제 몸에서 아무 문제도 발견하지 못했죠. 그런데도 목숨이 곧 끊어질 것처럼 느껴졌어요. 결국 정신과 의사가 박사님을 찾아가 보라더군요."

'아, 건강염려증에 걸린 분이었구나.'
'건강염려증'은 질병 불안장애, 질병 망상증이라고도 알려져 있으며 흔히 보기 어려운 불안 증상이다. 환자는 자신이 진단할 수 없는 심각한 질병에 걸렸거나 걸릴 것으로 생각해 반복적으로 진료를 받거나 입원하는 등의 증상을 보인다.[5] 그리고 이들은 병원에서 신체에 아무 문제가 없다는 검사 결과를 받아도 건강에 대한 걱정을 지우지 못한다. 그래서 오늘의 내담자도 27개 과를 전전하며 전문가의 진료를 받아본 것이다.

"언제부터 건강 상태를 심각하게 걱정하기 시작하셨나요?"

"한 6개월 전쯤이요. 당시 진행하던 프로젝트에서 가장 중요한 시기였어요. 제가 창립한 회사가 막 상장을 준비하고 있을 때라 압박감이 상당했습니다. 자칫 작은 실수라도 범할까 봐 업무적으로도, 일상생활에서도 극도로 긴장한 상태였었죠. 어느 날부터 기침만 해도 폐암이 연상되고, 피부에 알레르기가 생기자 피부암에 걸린 게 아닌가 의심이 들었어요. 한번은 두통이 있었는데 뇌종양에 걸렸다고 생각할 정도였죠. 의사들은 정신적인 문제라고 말씀하셨지만, 저는 제가 실제 병에 걸린 게 확실한 거 같습니다. 아무도 찾지 못하는 병이죠."

"확실히 병에 걸리신 게 맞네요. 마음의 병입니다. 근데, 괜찮아요. 우리 천천히 긴장과 두려움을 함께 대면해 보죠."

"제가 불안 때문에 이렇게 되었다고 보시는 겁니까?"

그는 이런 결론을 믿을 수 없다는 듯 미간을 찌푸렸다.

"사람마다 불안을 대하는 자세가 달라요. 불안을 배척하는 사람도 있고, 부인하는 사람도 있죠. 또 그대로 수용하는 사람이 있는가 하면 선생님처럼 심각한 신체화 증상[6]으로 나타나는 사람도 있어요. 혹시 그전에도 불안감이 있었나요?"

"오늘 이렇게 상담실에 앉아 있으면서도 불안감 때문에 신체적 반응이 생겼다는 걸 믿을 수가 없습니다. 솔직히 불안 같은 정신적인 문제는 저처럼 목표 달성을 위해 사는 삶에 늘 부차적으로 따라오는 일상 같은 것이거든요. 제 부모님은 한국인 이민 1세대예요. 처음 영국에 정착했을 때 제 누이가 10살, 저는 8살이었고요. 부모님은 소통이 힘든 환경에서도 열심히 일하셨고, 지금은 대학 교수로 재직 중이세요. 그동안 제 누이가 저를 돌봐주었고요. 지금도 식구들끼리 사이가 굉장히 좋은 편입니다. 그런데 서로 감정을 공유하지는 않아요.

저도 제 누이도 부모님이 이를 악물고 버텨오신 걸 누구보다 잘 알고 있고, 그분들에게 뒤처지면 안 된다고 생각하거든요. 그래서 불안해 할 수 없습니다. 불안해 한다는 것 자체가 능력 부족이라는 방증 아닌가요? 저는 노력은 안 하면서 불만만 일삼는 사람은 절대 되고 싶지 않습니다. 저는 어릴 때부터 과학을 좋아했습니다. 그래서 컴퓨터 공학으로 박사 학위까지 받았고, 졸업하자마자 소프트웨어 회사를 창립했죠. 그런데 식구들은 안정적인 직장을 찾는 게 좋지 않겠냐면서 반대하더군요.

물론 지금은 회사가 자리를 잡아 받아들이셨지만요. 말씀드렸다시피 지금이 회사에 가장 중요한 시기입니다. 진심으로 상장에 성공해서 제 선택이 옳았다는 걸 증명하고 가족들의 자랑이 되고 싶어요."

"그럼 지금 불안 때문에 상담실에 찾아온 본인에게 실망하셨나요?"

"그렇습니다. 계속 이런 의구심이 들어요. 내가 불안한 건 내가 유약하고, 노력을 덜했기 때문이 아닌가…."

"무슨 말씀이세요?"

나는 그의 눈을 바라보며 한 글자 한 글자 힘주어 또박또박 말했다.

"너무 노력하다 보니 불안이 생긴 겁니다. 본인에게 허용한 실수 허용치가 너무 낮아서 아직 일어나지도 않은 실패에 대해 걱정하는 거고요. 자신에 대한 모든 자부심, 자아 가치, 부모님의 기대치까지 모두 그 프로젝트에 걸고 있다 보니 불안이 심해진 것으로 보입니다."

"제가 저의 자아 가치를 상장 성공에 걸고 있다고요?"

"네, 지금 부족한 건 자아비판이 아니라 자신에 대한 포용과 배려입니다. 말로 표현하지 않아도 몸은 말하거든요. 그래서 신체화 장애가 나타난 거죠."

1차 상담을 마치면서 그에게 말했다.

"어쩌면 지금 본인에게 실망하고 부끄럽다고 느끼실 거예요. 그런데 이 말씀을 꼭 드리고 싶군요. 저는 내담자님이 너무나 자랑스러워요. 상담을 받으러 왔다는 것 자체가 가장 어려운 한 걸음을 떼었다는 의미니까요."

나는 상담 과정에서 내담자가 의도적으로 간과한 것들, 그리고 그에게 심각한 불안을 야기한 원인을 찾아내고, 이 지엽적인 내용을 조합하여 그의 성장 지도를 만들었다. 이를 통해 과거 경험이 지금의 관성적 사고를 형성하는 데 어떤 영향을 주었는지, 또 이 관성적 사고가 그를 어떻게 불안하게 만드는지 발견할 수 있도록 도왔다.

상담이 깊어질수록 나는 그의 성장 환경을 정확하게 이해할 수 있었다. 그는 온 식구들이 성적을 매우 중요시한다고 알려주었다. 또 집안의 유일한 아들로서 그는 식구들의 자랑이 되어야 한다는 부담을 안고 있었다. 그래서 항상 커다란 압박감에 시달렸고, 자칫 시험을 망치는 날에는 가혹하리만큼 자신을 비난했다.

그런 그가 회사를 설립한 것은 처음으로 부모의 기대를 저버린 일이었다. 그래서 더욱더 실패를 용납할 수 없었다. 언제나 자신의 부족한 점을 찾으려는 그였기에 자기감정에 대한 공감은 부족했다. 이 때문에 그의 부정적인 감정은 항상 억눌리고 잊혔다.

심리학에서 감정은 억누를 수 없는 것으로 여겨진다. 감정은 자신만의 표현 방식을 찾아내기 때문에 겉으로 표현하는 법을 모르면 결국 몸이 대신 비명을 지른다.[7]

"혹시 인생에 대한 본인의 실수 허용치가 아주 낮다는 걸 알고 계신가요?"

후속 상담에서 던진 나의 질문에 그는 어리둥절해하며 되물었다.

"실수 허용치요?"

"네, 실수 허용치요. '실수 허용'이란 심리학적으로 '불확실성 불내성 증후군'이라고도 알려져 있고, 심리학 분야에서는 2009년에 학계의 인정[8]을 받은 상대적으로 새로운 개념이에요. 세상은 매일 변화하는 반면, 오늘날 우리의 삶에 확실성이 보장되는 경우는 점점 줄어들고 있죠. 그런데도 사람들은 여전히 확실한 걸 원하잖아요? 그렇게 무작정 확실하고 완벽한 것을 추구하며 삶을 통제할 수 있다고 생각하는 것은 우울감과 불안감 같은 문제를 유발할 수 있어요. 이것 또한 최근 심리학 연구를 통해 증명된 사실이고요."

"그 말씀은 제가 잘못된 결정을 내리기 싫어하는데, 그 이유가 결과를 통제하고 싶어서라는 말씀인가요? 그리고 제가 원하는 결과란 절대 실패 없이, 무조건 성공해서 영광스러운 가족의 일원이 되어야 한다는 것 단 하나고요?"

"과학적 지식이 풍부하시니 심리학 역시 빨리 배우시네요!"

나는 그에게 차근차근 설명해 주었다.

"맞아요. 내담자님은 인생의 지향점을 명확하게 가지고 계시죠. 다만 목표로 향하는 길, 단 하나밖에 다른 여지는 없는 거죠. 내담자님의 내면은 여전히 고생하는 부모님을 보며 속으로 가족의 자랑이 되겠노라고 다짐하던 8살의 어린아이에 머물러있어요. 하물며 가족과 터놓고 대화해 본 적도 없으시잖아요? 저는 가족들이 내담자님을 아주 자랑스러워하고 있을 거라 확신해요. 이미 훌륭하시지만, 사람은 실수를 해야 성장할 수 있다는 거, 특히 마음이 성장할 수 있다는 거 아시나요? 실수해야 실수의 의미를 알게 되고, 그런 자신을 수용하는 인생의 실수 허용치도 높아져요. 만에 하나 이번에 상장에 실패하더라도 이미 충분히 잘해내셨다는 걸 아셨으면 좋겠어요. 여태 가족을 위해 노력하겠다는 초심이 한 번도 바뀐 적이 없겠지만, 이제 인생의 목표를 새롭게 조정해 볼 필요가 있을 것 같아요. 자신에게 실망해도 지켜

보세요. 그래야 진정한 자신을 되찾고 마음도 훨씬 가벼워질 테니까요. 아니면 불안감에 앞으로도 계속 미래를 걱정하고, 실패를 두려워하고, 가족들의 실망을 무서워하게 될 거예요."

다음 회차 상담에서 그가 내게 말했다.

"식구들과 허심탄회하게 대화를 나누어보았습니다. 선생님 말씀이 맞더군요. 부모님은 예전부터 저를 자랑스러워하셨고, 회사의 상장 여부는 크게 중요하지 않다고 하셨어요. 가족의 자랑이 되겠다는 무거운 짐을 지고 힘겹게 살지 말고 그저 제가 즐거우면 그만이라고요. 부모님께서 그러시더군요. 저라는 존재 자체가 두 분에게는 세상 최고의 보물이라고요. 고맙습니다. 이제야 깨닫게 해 주셔서 정말 감사합니다."

나는 고개를 저었다.

"감사는 본인에게 하셔야죠. 자신을 돕고 싶어서 저를 찾아오신 거잖아요. 변화하고 싶다는 마음이 있었기 때문에 제 의견을 귀담아들으신 거고요. 이제는 실수를 두려워하지 말고 본인의 내면을 더 잘 챙겨주면서 더 넓은 세상을 찾아보세요. 인생의 세례를 받고 나면 더 강하고, 지혜롭고, 진실한 태도로 자신에게 공감하게 될 거예요. 대인 관계도 자연스레 한층 더 친밀해질 테고요. 그렇게 과감하게 앞으로 나아가다 보면 끊임없이 성장하실 거예요. 물론, 사랑의 방패가 언제나 지켜줄 테고요."

사람은 누구나 실수했을 때의 느낌을 싫어한다. 하지만 심리학에서 '실수는 성장을 위해 반드시 거쳐야 하는 과정'으로 여겨진다. 지속적인 성장을 위해 실수는 필수 불가결한 것이다. 실수의 가장 큰 의미는 실수의 대가를 깨닫고, 자신의 부족한 점을 이해하는 데 있다. 이 의미를 제대로 이해하고 나면 자신을 용서할 수 있고, 앞으로 나아가는 게 두렵지 않게 된다. 그리고 이것은 새로운 인생의 스킬을 획득했다는 뜻이 된다. 반대로 계속 자신을 비판하면 어느새 우울증과 감정 소모의 함정에 빠져 마음의 성장이 멈추게 된다.

당신은 실수를 대할 때 실수에 잡아먹히기를 선택할 것인가? 아니면 툭툭 털고 일어나 마음을 추스르고 앞으로 나아갈 것인가? 어려운 결정이지만, 선택은 당신 손에 달려 있다.

- '실패'를 재정의하는 방법을 배워보세요. 실패는 성장의 소중한 기회랍니다! 성공에 대한 정의가 사람마다 다르듯, 실패에 대한 정의도 모두 다르기 마련이죠. 이들에 대한 정의를 바꾸는 그 순간, 자신을 용서하는 비밀의 상자가 열릴지도 모릅니다.

- 임무와 목표를 한 단계 더 세분화하는 방법을 배워보세요. 통제 가능한 것과 불가능한 것의 구분이 명확해지면 집중력도 한층 향상되고, 평정심을 가지고 실패와 실수를 바라보기가 한결 수월해집니다. 사실 실수를 바로 멈출 수 있는 것도 성공의 일종이랍니다.

- 내면의 성장을 기대하는 마음으로 목표를 세우는 방법을 배워 보세요. 좌절할 때마다 "나는 배우려는 태도를 유지하고, 지식의 폭과 깊이를 계속 넓혀나가고 싶어" 또는 "삶에서 영양분을 섭취하고, 모든 실수를 반성하며 실수로부터 성장하는 법을 배우기를 기대해"라고 자신에게 말해 보세요. 인생은 통제할 수 없지만, 배우려는 태도가 있다면 끊임없이 성장하고 발전할 수 있답니다.

노화 불안으로 우울증에 걸린 여성

인생의 '두 번째 산'을
올라라

　심리학에서 '노화 불안'은 나이가 들면서 상실감과 막막함, 걱정과 두려움을 느끼는 상태[9]로 정의한다. 나이가 들면서 생기는 불안은 정상이지만, 최근에는 증상이 나타나는 연령대가 점차 어려지는 추세를 보인다. '성공은 어릴 때 이뤄야 한다'라는 소설가 장아이링張愛鈴의 어록만 보더라도 노화 불안이 단지 현재의 문제만은 아니란 것을 알 수 있다.[10]

　세계적으로 고령화 추세가 이어짐에 따라 노화 불안은 매우 중요하고 우리가 논의해 볼 만한 가치가 있는 문제다. 사람은 누구나 늙는다. 그러니 나이가 든다는 건 사실 두려운 일이 아니다.

　다음 내담자의 사례를 살펴보자. 상담을 받으러 오는 내담자 대부분과 마찬가지로 이번 내담자도 세계 4대 회계사에서 고위 임원직까지 승진한 영국 태생 중국계 이민 2세대 엘리트였다. 그런데 첫 상담 날 만난 그는 사회적 지위에 걸맞지 않게 많이 억눌리고 어딘가 침울해 보이기까지 했다.

사회적 기준으로 보면 그는 직장에서 큰 성공을 이루며 순조로운 인생을 사는 듯 보였다. 그런데 이제 마흔에 불과한 그가 상담실에서 내게 가장 먼저 한 질문은 이것이었다.

"나이가 너무 많은 것 같아요. 이제 제 인생을 바꿀 기회는 영영 없을 거예요. 그렇죠?"

나는 아직 한창으로 보이는 내담자를 잠시 살펴보고 물었다.

"왜 그렇게 생각하는지 여쭤봐도 될까요? 그런 생각을 한 지는 얼마나 됐죠?"

"아마 짐작하셨겠지만, 저 멀리 바다를 건너온 화교들과 마찬가지로 제 부모님도 힘들게 영국에 이민 와서 식당을 차리고, 고생해서 돈을 버셨죠. 부모님이 제게 바란 건 열심히 공부해서 좋은 직장을 갖는 것뿐이었어요. 실제로 저는 두 분의 기대에 부응했지요. 대학을 졸업하자마자 4대 회계사의 교육·관리팀에 입사해서 39살에 고위 파트너가 됐으니까요. 나이에 맞게 결혼도 하고, 토끼 같은 자식도 둘이나 낳았죠. 부모님은 언제나 저를 자랑스러워하셨고, 저도 제 인생이 이렇게 흘러가는구나 싶었어요. 그런데 얼마 전에 마흔 문턱을 넘으면서 저도 모르게 인생에 작은 고민이 생기기 시작하더라고요."

"예를 들면요?"

나는 궁금한 듯 물었다. 그가 답했다.

"지금의 인생이 정말 내가 원하던 것이 맞나? 내가 정말 이 일을 좋아하는 걸까? 지난 40년간 언제나 부모님이 마련해 놓은 길을 따라 걸어왔는데, 만약 내게 선택할 기회가 다시 주어진다면 어떻게 될까? 과연 내가 선택을 할 수 있을까? 이런 생각이 끊이질 않아요."

"갑자기 그런 생각이 들어서 많이 당황하셨을 것 같아요. 왜냐면 지금 하는 생각 속에 자기 내면에 대한 고뇌, 나이에 대한 걱정, 본인을 위해 부모님이 항상 준비해 준 인생에 대한 의문이 모두 포함되어 있거든요. 이런 생각이 갑자기 밀려들었으니, 최근에 불안 지수가 꽤 많이 올랐을 것 같은데요?"

"그런 셈이죠. 더 심각한 건 일에 대한 원동력을 잃어버린 건

데, 아마 인생의 의미를 못 찾고 있어서 그런 것 같아요."

나는 잠시 생각을 정리했다.

"어쩌면 이 문제를 바라보는 시선을 조금 바꿔볼 수 있을 것 같아요. 나이가 들었기 때문에 인생의 의미를 생각할 지혜를 가지게 된 것이라고요."

심리학 연구에 따르면 대부분 나이가 들면서 지혜가 성숙해지는 상호 보완작용이 생긴다.[11] 우리가 걸어온 길, 우리가 경험한 여러 난관이 자신이 원하는 바를 더 명확하게 알 수 있도록 만들어준다.

일반적으로 젊을 때는 대부분 세상 물정을 잘 몰라 수동적으로 행동한다. 그러다 나이가 들어감에 따라 수동적인 것을 능동적인 기회로 변화시킨다.
나는 질문을 이어갔다.

"지금의 당혹감이 오히려 기회라면, 어떤 것을 하고 싶나요? 이 질문은 이번 상담의 숙제입니다. 잘 생각해 보세요."

두 번째 상담이 진행되던 날, 그는 한결 밝아진 모습에 훨씬 열린 자세로 나를 찾아왔다. 상담이 시작되자 그가 내게 물었다.

"박사님, 혹시 음식 좋아하세요?"
"보통이요. 음식 좋아하시나 봐요?"

그러자 그가 허벅지를 '탁' 하고 내리쳤다.

"맞아요! 저는 맛있는 걸 정말 좋아해요. 어릴 때 부모님이 운영하시던 식당에서 컸거든요. 그때 식당을 가득 채우던 음식 냄새가 아직도 기억나요. 식당에서 손님들이 오가는 걸 보고, 단골들의 진심 어린 칭찬을 듣는 게 제일 좋았던 기억이에요. 물론 식당 운영이 무척 힘들다는 건 저도 익히 알고 있는 데다, 부모님도 제가 그분들과 같은 길을 걷는 건 한사코 반대하셨어요. 그런데 제겐 열기 가득한 주방, 맛있는 요리, 손님들의 칭찬이 전부 즐거움이었어요. 솔직히 말씀드리면, 일이 아무리 바빠도 주말에는 무조건 식구들에게 요리를 대접해 왔어요. 맛있게 먹는 모습을 보면 기분이 너무 좋거든요."

이 말을 듣는 나도 덩달아 기분이 좋아졌다.

"정말 좋아하는 취미를 찾으신 것 같네요."

"그런데 제가 좋아하는 일을 할 기회가 아직 남아 있을까요? 어쨌든 지금은 가정과 업무에 대한 책임을 져야 하는 데다, 부모님을 설득하는 건 거의 불가능에 가깝거든요. 절대 승낙하지 않으실 거예요."

"그러실 수도 있겠죠. 그런데 본인조차 자신을 믿지 않으면 기회는 더 없어지지 않을까요?"

심리상담을 하는 상담사의 중요한 역할은 내담자가 자기 목표에 자신감을 가지고 자신만의 비전을 찾아 마음속 목적지에 안전하게 도착할 수 있도록 도와주는 것이다.

그는 큰 결심을 한 듯 고개를 끄덕였다.

나이가 들수록 창업의 기회가 줄어든다는 것은 사실과 다르다. 관련 연구에 따르면 오히려 중년의 창업자들이 시장의 상황과 흐름을 더 잘 이해하고, 실행력과 관리 능력이 더 뛰어나기 때문에 젊은 창업자들보다 성공할 확률이 더 크다고 한다.[12]

그 뒤 이어진 상담에서 그는 천천히 변화된 자신의 일상을 들려주었다. 그는 새로운 스타일의 중국 요리를 개발하고 주말을 이용해 푸드 페스티벌에서 조금씩 홍보를 시작했다. 특히 '기름진 음식이 많아 건강하지 않다'라는 전통 중국 요리에 대한 이미지를 타개하기 위해 노력했는데, 뜻밖에 몇 주 만에 입소문을 타면서 많은 호평을 받았다.

그 뒤로도 그는 SNS를 통해 브랜드를 홍보하고, 런던의 트랜디한 핫플레이스에서 불시에 팝업 스토어를 운영했다. 그의 헝거마케팅(희소 마케팅, 한정판 마케팅이라고도 불리며 한정된 물량만 판매해 소비자의 구매 욕구를 자극하는 마케팅이다)은 과연 적중했고, 얼마 지나지 않아 주말만으로는 부족하다는 생각이 들기 시작했다. 그렇게 어느 정도 성과를 올린 다음 그는 부모님께 자신이 만든 음식을 선보였다. 부모님은 그가 이룬 성과, 특히 그가 진심으로 즐거워하고 성취감을 느끼는 모습을 보시고는 기존의 반대입장을 번복한 것은 물론, 식당 운영 기술까지 알려주었다. 2대가 하나의 목적을 위해 함께 노력하면서 가족 간의 정도 더 끈끈해졌다.

나이 듦이 두려워질 때 우리가 정말 회피하고 싶어하는 것은 무엇일까? 더 이상 존재하지 않을 것 같은 재시작의 기회, 이미 정해져서 바꿀 수 없을 것 같은 인생, 점점 쇠약해지는 몸, 하락하는 자기 가치, 반려자나 동반자가 없는 삶이다.

이 중 상당 부분은 피할 수 없지만, 노력으로 해결할 수 있기에 아무리 나이가 많아도 포기하거나 생각을 멈추거나 노력을 게을리하면 안 된다.

우리는 종종 나이 든다는 사실을 두려워한 나머지 나이 듦의 진정한 의미를 잊어버리곤 한다. 태어나는 그 순간부터 사람은 늙어간다는 말처럼, '나이 듦'은 평생 함께 가는 동반자다.

나이 드는 게 불안할수록 이로 인한 이점을 살펴볼 필요가 있다. 가령 나이가 들어감에 따라 더 짙어지는 우정, 더 풍부해지는 인생과 사회 경험과 같은 것들 말이다. 현재를 소중히 여기면 우리의 내면은 더욱 강해지고, 몸과 마음을 두루 살피는 법을 더 잘 알게 된다. 인생의 모든 변화에는 득과 실이 있기 마련이며, 나이 문제도 마찬가지다.

중년에도 새로운 여정을 시작할 수 있고, 나이가 들어도 우아할 수 있다. 그러니 지금을 열심히 살아가면서 다양한 연령대가 선사하는 삶의 선물을 만끽하길 바란다. 가끔 삶을 꾸려가는 것이 혼란스럽고, 노화 불안을 피하기 어렵다면, Dr. Yin의 심리상담 TIP을 참고해 보자.

Ch. 1_ 불안과 우울을 직면하라

Dr. Yin의 심리상담 TIP

● 성장하는 태도를 유지하세요. 어떤 상황에서도 다시 시작할 용기
를 가지고 있다면 나이는 큰 문제가 되지 않습니다. '나이 들 때까
지 살기, 나이 들어서도 공부하기'의 진정한 의미는 배움을 통해
자신감과 호기심을 유지할 수 있다는 것이며, 호기심은 노화 방지
에 가장 좋은 방법 중 하나입니다.

● 자신과의 대화 패턴을 바꾸고 자신을 긍정하는 법을 배워보세요.
'내 전성기는 이미 지나갔어, 이제 내리막길만 남았어'라는 생각에
익숙해지다 보면 무의식적으로 이런 상태에 가까워집니다. 하지만
자신과의 대화 방향을 180도 바꿔볼 수도 있겠죠. 이렇게 말해
보세요. "지금의 나는 풍부한 인생 경험과, 뛰어난 지혜와 더 나은
자신을 가지고 있어."
문제 해결의 방향은 과거가 아니라 전방에 있다는 점을 명심하
세요.

● 친구, 가족들과 양호한 상호 작용 관계를 유지하세요. 좋은 사회적
관계와 가족 간의 상호 작용으로 일상생활 속에서 자양분과 원동
력을 채울 수 있고, 또 앞으로 나아가는 힘이 되어줄 것입니다.

잠시 쉬어 가세요, 런던의 심리상담실

● 나이 드는 것이 삶의 일부라는 사실을 받아들이는 방법을 배워보세요. 살아 있는 동안 우리는 계속 늙지만, '나이'가 무형의 장애가 된다는 뜻은 결코 아닙니다. 나이가 드는 것은 삶의 일부죠. 맹목적인 비교보다는 최대한 자신에게 관심을 집중하세요.

용서는
자신을 놓아주기 위한 것

7월의 런던, 기온은 20℃ 정도에 불과했지만, 태양은 매일 작열하고 있었다. 그러니 검은색 패딩으로 몸을 꽁꽁 감싸고 의자에 움츠리고 앉아 있는 내담자의 모습에 놀라지 않을 수 없었다.

굳은 표정의 그는 가슴 앞으로 팔짱을 꼈는데, 심리학에서 이런 자세는 '소통 거부의 자세'로 여겨진다. 그래도 나는 평소대로 비밀 유지 조항을 설명하고 심리 장애 테스트를 진행했다. 그의 우울증 지수는 병리학적으로 중증 우울증에 속하는 17점이었다.

상담이 시작되자 그는 심각한 듯 입을 열었다.

"아버지를 용서해야 할까요? 이 질문을 하려고 찾아온 거예요. 두 달 전에 아버지가 말기 암 선고를 받고 남은 시간이 3개월밖에 되지 않는다는 사실을 알게 됐어요."

"혹시 그때부터 우울증이 시작된 건가요?"

"네, 그때부터 불면증이 시작되고 식욕도 감퇴했어요. 일할 때 집중력도 많이 떨어졌고요."

"혹시 '용서'라는 말을 무슨 뜻으로 알고 계신가요?"

시시해 보여도 과소평가할 수 없는 이 질문은 심리학에서 아주 중요한 단계 중 하나다. 심리상담사로서 내담자의 특정 언어 습관을 이해해야 하며, 절대 나의 시각으로 상대방의 태도를 단정 지으면 안 된다.[13]

'용서'라는 단어를 대하는 우리 둘의 정의가 완전히 다를 수 있는 만큼, 문제 해결을 위해서는 상대방이 생각하는 용서의 의미를 정확히 이해할 필요가 있었다.

이 질문에 당황하는 내담자의 모습이 여실히 보였다. 그는 미간을 찌푸리며 곰곰이 생각한 끝에 이상하다는 듯 내게 반문했다.

"아버지의 마지막을 보러 가야 할까요?"

"아버지를 보고 싶지 않나요? 혹시 왜 그런지 여쭤봐도 될까요?"

나의 질문에 돌아온 것은 기나긴 침묵이었다. 나는 조용히 물한 잔을 건넨 다음 아무 말 없이 그를 기다려주었다. 과거를 털어놓는다는 건 누구에게나 쉽지 않은 일이기 때문이다.

째깍째깍. 벽시계 소리가 조용한 공간에서 더 선명하게 들려왔다. 나는 계속 그녀를 기다려주었다. 자격을 갖춘 상담사의 기본 소양은 '인내와 포용'이다. 이런 기다림을 통해 내담자에게 생각할 여유를 주는 것 또한 매우 중요하다. 가끔은 쉴 새 없이 말을 이어가는 것보다 이렇게 조용히 옆에 있어주는 게 훨씬 도움이 될 때가 있다.

영원할 것 같았던 적막함이 지나자, 그녀가 의자의 팔걸이를 꽉 쥐더니 이를 악물고 말을 뱉어냈다.

"제 아버지란 사람은요, 사는 게 생각대로 안 될 때면 술을 마셨어요. 술을 마시면 꼭 어머니에게 폭행을 가했고요. 4살 때였는데, 두 분이 싸우면 옆집에 도움을 청하러 갈 수밖에 없었어요. 싸움이 끝나면 다음 상대는 반드시 저였으니까요. 제가 반항을 시작하기 전까지요. 그 사람은 밖에서는 사람 좋은 행세는 다 하면서 집에만 오면 악마로 변했어요. 기분 나쁜 일이 생기면 저와 어머니가 당신 인생을 망쳤다며 화풀이했어요. 그런데 망가진 건 오히려 제 인생이에요. 그리고 우리 어머니도, 그 사람 때문에 화병에 걸리지 않았다면 절대 서른여덟이라는 젊은 나이에 돌아가시지 않았을 거예요. 그러니 그 사람이 어머니를 죽인 범인이에요, 죄인이라고요!"

말을 마친 그녀는 자신의 목소리에 놀란 듯 어안이 벙벙한 표정으로 중얼거리기 시작했다.

"어머니가 돌아가신 뒤로 저는 그 집에서 도망쳐 나왔어요. 필사적으로 공부해서 전액 장학금으로 명문 대학을 졸업하고 순조롭게 직장도 구했죠. 이제 겨우 과거는 잊어버리기로 결심하고 보통 사람들처럼 지낼 수 있게 됐어요. 그렇게 제가 과거에서 완전히 벗어났다고 생각했죠. 그런데 두 달 전, 고모가 찾아와 아버지가 오랜 알코올 중독으로 간암에 걸렸다고 알려줬어요. 이미 말기인데 저를 보고 싶어 한다나요? 그 소식을 전해 들은 순간부터 제 악몽이 다시 시작된 것 같아요. 저는 솔직히 그 사람이 저를 귀찮게 하지 않았으면 좋겠고, 제 원가족은 과거로 묻혔으면 좋겠어요. 제가 너무 나쁜가요?"

"당신에게 상처를 준 사람에게 무조건 관용을 베푸는 일은 자기 학대에요."

내가 말했다. 그녀는 힘겹게 말을 이어갔다.

"만나고 싶지 않은데 '마땅히' 만나야 할 것 같고, 용서하고 싶지도 않은데 '당연히' 용서해야 할 것 같아요. 어쨌든 그 사람의 인생, 그 사람의 목숨이 끝나가니까요."

"그런데 과연 '당연하다'는 건 뭐고, '당연하지 않다'는 건 또 뭘까요? 그 당연하다는 틀은 과연 누가 만들었을까요? 용서를 결정하기 전에 이 문제부터 잘 생각해 볼 필요가 있을 것 같아요."

나는 이 문제의 무게감을 잘 알고 있었다. 진실은 대체로 막대한 살상력을 가지고 있지만, 이렇게 내담자 스스로 고심하게 유도해야 할 때도 있다.

나 역시 이 문제가 그녀의 마음에 커다란 파장을 일으킬 것이란 걸 충분히 알고 있었다. 하지만 자격을 갖춘 상담사로서 내담자가 회피하고자 하는 마음의 문제도 직면할 수 있도록 이끌어 주어야 할 때가 있다.

자신의 내면을 제대로 바라볼 수 있어야 '용서'와 '원망'의 갈림길에서 정확한 선택을 할 수 있다. 그녀는 이번 질문에도 역시나 침묵으로 일관했다. 다만 꽉 잠겨있던 팔짱이 드디어 풀렸다. 생각보다 그녀의 반발이 심하지 않았다. 물론 나도 그녀가 천천히 마음의 문을 열기를 기다렸다. 상담에서는 조용히 같이 있어주는 것만으로도 큰 힘이 될 수 있기 때문이다. 잠시 침묵이 이어진 뒤 그녀가 입을 열었다.

"'용서'가 제게 어떤 의미인지 깊이 생각해 봐야 할 것 같아요. 아무래도 지금은 답을 하기가 어려울 듯한데, 다음 상담 때 말씀드려도 될까요?"

"물론이죠. 여기서 기다리고 있을게요."

나는 상담을 마친 내담자가 한결 편안해진 마음으로 상담실을 나서기를 바라 마지않는다. 자아를 찾는 과정은 무조건 눈물과 땀으로 범벅되는 힘겨운 여정이 아니다. 어두운 밤을 밝혀주는 불빛처럼 과거에 존재했지만 어쩌면 이미 잊힌 아름다운 기억을 비출 수도 있다.

즐거움과 호기심이 우리 인류를 탐색하도록 만드는 원동력이듯 내면을 되돌아보는 것 또한 마찬가지다. 내가 바라는 것 또한 아무리 심한 마음고생을 겪었더라도 추억과 상담을 통해 호기심을 찾는 일이다.

그 뒤로 이어진 몇 차례의 상담에서 우리는 '용서'의 의미에 대한 진지한 대화를 통해 그녀에게 용서가 과연 과거를 떠나보내려는 것인지, 아니면 임종을 앞둔 사람에 대한 연민인지, 아니면 '이것 보세요, 당신 없이도 잘만 살고 있다고요'라고 마지막으로 자랑을 하고 싶은 것인지 함께 고민했다.

우리는 완벽하지 않은 부모와 완벽하지 않은 자신에 대해 토론하고, 하나의 공감대를 도출했다. 그것은 바로 '이 세상에 완벽한 사람은 존재하지 않는다'는 것이다. 우리는 자신의 불완전함을 받아들여야 한다. 이 과정은 그녀가 부모의 불완전함, 특히 아버지가 저지른 잘못과 가족에게 입힌 상처를 이해하는 데 큰 도움이 될 것이다.

우리는 또 버려짐으로 인한 고통에 관해 이야기를 나누고, 그녀의 내면에 여전히 '나는 사랑받을 가치가 없는 사람'이라는 제한적인 관념이 남아있다는 사실을 찾아냈다. 지난 몇 년간 그녀는 업무적으로 뛰어난 성과를 보이며 자신이 원하던 사회적 존경을 얻었다. 하지만 과거에 버려졌던 경험으로 인해 은연중에 완전히 사랑받을 수 없다는 생각에 시달리고 있었다. 고통스러운 성장 과정을 겪은 그녀는 이를 극복하기 위해 사업적인 성공을 이루고 훌륭한 이력을 쌓아 다른 사람들의 존중을 받게 된 것이다.

나는 안타까운 마음에 그녀에게 말했다.

"당신은 사랑받을 자격이 충분해요. 이제부터라도 자신을 위해 살고, 스스로 자랑스러워하시길 바랍니다."

다음 회차 상담에서 그녀는 이렇게 말했다.

"제가 만에 하나라도 결혼이란 걸 한다면, 저부터 먼저 충분히 사랑한 후에 건강한 가정을 꾸리고 싶어요."

이런 깨달음은 정말 쉽게 얻을 수 없는 것이다.

자신에게 상처를 입힌 사람을 용서하는 방법은 여러 가지가 있고, 심리학 분야에서도 관련 연구 결과가 상당히 많다.

1997년에 발표된 심리학 연구에 따르면, 자신에게 상처를 준 사람을 용서하는 사람들은 내면의 평화를 얻을 수 있다.[14]

분노는 내적 소모가 심한 감정이기 때문에, 우리의 내면이 분노의 감정으로 가득 차면 대뇌는 어떻게 문제를 해결할지 분석할 여력을 잃게 된다.

사람의 에너지 또한 제한적이기 때문에 분노에 집중하면 자신이 피해자라는 생각에만 사로잡히는 '피해자 함정'에 빠져 더욱 수동적인 자세를 취할 가능성이 높아진다.

이때 기억해야 할 점은 다른 사람을 원망하는 편이 자신을 정확하게 바라보는 쪽보다 훨씬 쉽다는 사실이다.

물론, 분노를 직시하고, 그것을 바꿀 용기가 있다면 분노도 긍정적인 에너지로 작용할 수 있다. 하지만 대부분은 전통문화의 영향과 '태산이 무너지기 전엔 절대 안 바뀐다'라는 신조 때문에 분노를 억누르기만 한다. 이와 관련하여 초기 심리학 이론에 '분노를 발산하지 못하면 우울증으로 이어진다'는 내용도 있다.[15]

이번 내담자도 막상 임종을 앞둔 아버지 앞에서는 자신의 분노를 표출하지 못했을 것이다. 상담을 진행하는 동안 아버지에 관해 이야기할 때면 그녀에게 아직 분노와 앙금이 남은 걸 볼 수 있었다. 다만 이런 상황에서 곧 돌아가실 분에게 과거에 받은 상처를 언급하는 건 그녀도 아무런 의미가 없다고 생각했다.

만약 당신이 이런 상황이라면, 과연 아버지를 용서할 수 있을까? 나의 답은 용서하든 안 하든, 그것은 그저 선택의 문제일 뿐 정답은 없다는 것이다. 하지만 선택의 문제였기 때문에 그녀는 자신의 고통을 똑바로 되돌아볼 기회를 가질 수 있었다. 자신이 받은 상처를 인정했기 때문에 자신의 상처를 제대로 볼 수 있고, 자신의 성장 과정을 더 존중할 수 있게 된 것이다.

　사람들은 인생의 거대한 흐름에 정신없이 앞으로 떠밀려 나갈 뿐, 힘들고 거친 이 길에서 잠시 멈춰서서 자신을 뒤돌아볼 기회를 찾지 못한다. 하지만 자신을 돌아볼 기회가 생기면 자신이 겪고 있는 어려움을 여실히 알게 된다. 이번 사례의 내담자를 예로 들면 그녀는 상담을 통해 자신이 과거를 전혀 내려놓지 못했을 뿐만 아니라, 과거의 상처에 계속 영향을 받아왔다는 사실을 알게 되었다. 그녀는 다른 사람을 좋아하는 것을 두려워했고, 다른 사람들이 그녀를 아끼는 마음을 진심으로 받아들이지 못했다. 이것들은 그녀가 앞으로 하나씩 직면하고 극복해야 하는 과제다.

　대다수가 그러하듯, 인생의 길을 걷다 보면 넘어지기도 하고, 길을 잃기도 하며, 두려울 때도 있다. 특히 가족이나 친구들의 지지를 잃었을 때 느끼는 외로움과 무력감은 더 크게 다가온다. 하지만 우리는 상처를 극복하고 고통을 견뎌내어 지금의 모습으로서 있다. 나중에 내담자가 아버지의 임종을 지키러 갔다는 이야기를 들었다. 그녀는 용서가 아닌 자기 내면의 평안을 지키고 미련을 남기지 않기 위함이었다며, "제가 잘살고 있다는 걸 알려주고 싶었어요."라고 말했다.

그리고 잠시 생각을 하던 그녀가 말을 이었다.

"어쩌면 '당신의 부재도 날 무너뜨릴 수 없었다'라는 걸 말하고 싶었던 것 같기도 해요."

과거의 상처를 덮는다는 건 생각처럼 쉽지 않고 우공이 산을 옮기는 것처럼 힘겨운 여정이다. 그렇지만 자기 내면을 살피기 시작하는 것만으로도 우리는 충분히 변화를 느낄 수 있다.

상담이 거의 끝날 때쯤 그녀가 물었다.

"아버지의 임종을 지키러 가지 않았다면, 사람들이 저를 욕했을까요?"

"현대 심리학에서는 개인의 결정을 존중해야 한다는 것이 보편적인 견해입니다. 개인이 내적 투쟁을 거쳐 최종적으로 도출해 낸 결과는 모두 존중받아 마땅하죠. 용서라는 행위는 타인이 아닌 자신을 위한 것이어야 합니다. 용서하지 않는다고 냉혈한이 되진 않아요. 각자 과거의 상처를 대처하는 방법은 다 다르니까요."

● 인생을 살면서 큰 고통을 마주할 때, 이를 용감하게 직면하는 것
  도 훌륭하지만 회피하는 게 부끄러운 일도 결코 아닙니다.

● 자기 내면의 소리를 듣는 법을 배우고, 자신의 무력함을 용서하
  고 이를 마주하겠다고 결심하는 것은, 지난 상처로부터 자신을 돌
  보는 최고의 방법입니다. 최고가 되고 싶다면 자기 내면을 용감히
  마주하세요.

당신은
생각보다 강하다

청소년 우울증 발병률은 지난 몇 년간 꾸준한 증가 추이를 보이고 있다. 2019년에 발생한 코로나19가 이에 큰 영향을 주었다. 심리학자들은 청소년이 팬데믹으로 인해 기존의 규칙적인 생활과 학습 환경에 큰 변화를 겪은 데 주목했다. 그 변화는 이들의 대인관계에도 많은 영향을 준 것으로 파악되었고, 이를 청소년 우울증의 발생 원인 중 하나로 꼽았다.[16]

청소년기는 대개 12세에서 19세 사이[17]를 말하며, 이 시기의 청소년은 커다란 신체적 변화와 더불어 사고의 변화를 동시에 겪기 때문에 대인 관계에 대한 욕구가 늘어나고, 타인의 평가에 민감해지기 쉽다. 다만 이들은 성인처럼 이 모든 상황에 대처할 만한 지혜나 경험이 부족하기에 가정이나 학교, 친구들의 보살핌이 부족하면 우울증이 생길 수 있다.[18] 더욱이 소셜 네트워크 서비스SNS가 보편화 되면서 요즘 청소년은 자아를 찾아가는 과정에서 더 많은 어려움을 겪는다. 이들에게는 이런 상황 자체가 피할 수 없는 압박이자 어려움으로 느껴지는 것이다.

나는 성인들의 우울, 불안 그리고 외상후스트레스 장애를 전문으로 하지만, 가끔 예외적인 상황도 있다.

상담실에 있던 나는 무려 중국에서 걸려 온 한 어머니의 전화를 받았다. 당시 그녀는 매우 초조해 보였다. 팬데믹 기간이라 동행 비자 발급을 거부당한 그녀는 갓 신입생이 된 17살 아들을 1년간 혼자 영국에 보내놓은 상황이었다. 영국에 유학 온 지 얼마 안 된 아이는 영어가 유창하지 않은 데다 여러 가지 사정으로 벌써 한 달 동안 등교를 거부한 상태라고 했다. 그러던 중 얼마 전에 담당 선생님으로부터 아이의 우울증이 이미 심각한 수준이라는 연락을 받았다. 중국에 거주 중인 아이의 어머니는 수소문으로 나를 알게 되었다며, 제발 아이를 도와달라고 사정했다. 코로나가 정점인 시점에, 이역만리에 있는 어머니로부터 어려운 상황에 놓인 아이의 소식을 들은 나는 차마 그 부탁을 거절할 수 없었다. 그래서 학교를 통해 아이에게 연락을 취하고 본인도 상담받을 의향이 있다는 사실을 확인했다.

상담 대상자가 미성년자라 할지라도 본인에게 상담받을 의향이 있는지를 확인하는 과정은 매우 중요하다. 우선 심리상담은 절대 다른 사람이 대신할 수 없고, '본인의 의지'가 변화를 바라는 원동력의 원천이기 때문이다. 그리고 이러한 원동력은 심리상담에서 가장 중요한 심리적 자원이다.

처음 상담실을 찾아온 아이의 모습은 우울감 자체였다. 수염은 거뭇거뭇 자랐고, 머리도 며칠째 안 감은 듯 보였다. 자리에 앉으면서 그가 내뱉은 첫마디는 이랬다.

"영국에 온 게 너무 후회스러워요. 매일 기숙사 방안에 처박혀서 인터넷 강의만 듣고 있으니 회화를 연습할 기회도 전혀 없고요. 온라인 강의로 화면 속 얼굴만 보고 있어야 하니 못 알아들어도 물어볼 수가 없어요. 이제 수업은 안 듣고 싶어요. 그런데 귀국도 못 해요. 선생님, 이럴 땐 어떡해야 해요?"

초췌한 아이의 모습에 나는 안쓰러운 마음이 들었다.

"무슨 기분인지 충분히 알 것 같아. 나도 온라인 상담을 정말 싫어하거든. 직접 대면했을 때의 따뜻함이 사라진 기분이랄까? 그래도 적응하려고 방법을 찾아보고 있어. 지금 해 주고 싶은 말은, 전 세계가 똑같은 문제를 겪고 있다는 거야. 그리고 우리는 이 어려운 시기를 잘 넘기고 극복할 방법을 찾아야만 해. 문제를 해결하지 못하면 누구나 포기하고 싶어질 테니까. 안 그러니?"

"근데 정말 더는 못 견디겠어요. 여기는 친구도, 가족도 없는 데다 수업 진도를 따라가기도 버거워요. 비싼 학비만 낭비하는 거라고요."

"지금이 인생 최대의 고비겠구나?"

나의 물음에 그는 아무런 망설임 없이 답했다.

"물론이죠. 영국에 오기 전에는 집에서 다 해 줘서 공부만 하면 됐어요. 당연히 친구도 많았고요. 근데 지금은 너무 외로워요. 친구들은 전부 중국에 있고, 식구들도 아무런 도움이 안 되는 상황이잖아요. 제가 더 견딜 수 있을지 정말 자신이 없어요."

지금의 경험이 그에게는 큰 도전이자 상처라는 걸 부인할 수 없다. 그렇지만 상처는 언제나 성장을 동반하기 마련이다.

2012년 한 미국 심리학자의 연구에 따르면, 과거에 상처를 받아본 사람은 인생이 바닥을 친 다음 오히려 정신적 성장을 이루게 된다.[19] 심리학에서는 이런 현상을 '외상 후 성장'이라고 부른다. 사람들은 상처를 통해 독립성을 키우고, 가족 관계와 현재를 더 소중히 여긴다. 그리고 더욱 긍정적인 세계관을 발전시키는 동시에 자신의 가능성을 더 많이 발견한다. 그래서 상담 때도 외상 후의 변화에 대해 탐색했다.

"물론 지금 힘들긴 하지만, 부모님 곁에 있을 때보다 훨씬 독립적이지 않니?"

내가 물었다. 그는 속상해하면서도 헛웃음으로 답했다.

"그건 그렇죠. 적어도 요리 실력은 일취월장했으니까요."
"최근에 개발한 다른 기술도 있을까?"
"낙제할까 봐 동기들과 필기 내용을 공유해요. 일종의 '전우'들이죠. 그러고 보니 사교성이 꽤 높아졌어요. 친구들과 공유하고 나면 나만 힘든 건 아니구나, 하는 생각이 들어요. 다른 친구들도 힘들어하더라고요."
"그렇구나. 잃은 것도 많지만, 얻은 것도 있다고 봐도 되겠네?"
"말씀하신 것처럼, 그런 것 같기도 해요."

그가 고민하며 답했다. 그의 긍정적 반응에 힘을 얻은 나는 더 적극적으로 격려의 말을 전해주었다.

"팬데믹은 언젠가 종식되겠지만, 자신의 성장 여부는 본인에게 달렸어. 물론 지금은 온전히 이해하기 어렵겠지만, 지금의 성장 경험이 앞으로 인생의 훈장이 될 날이 있을 거란다."

상담을 몇 차례 거친 후 그는 학교에 '팬데믹으로 인한 우울한 감정, 어떻게 다스려야 하나'라는 제목의 기사를 기고했다. 기사는 호평을 얻었고, 그는 자신감을 회복했다. 자신이 얻은 삶의 지혜를 정말 멋지게 활용한 것이다. 나는 진심으로 그에게 축하를 전했다. 그의 경험은 우리 내면에 성장을 갈망하는 힘이 잠재되어 있다는 점을 여실히 보여준다. 이렇듯 우리는 심리적 유연성이 생각보다 뛰어나다는 점을 더 잘 이해하고 이에 대해 관심을 기울여야만 한다.

청소년기에는 상대적으로 큰 감정 기복을 겪지만, 청소년은 성인보다 훨씬 큰 개방성과 주도성을 지니고 있다. '개방성'이란 호기심과 생명력, 그리고 인생의 전환기를 맞이할 충분한 자신감을 뜻한다. 살면서 스스로 통제할 수 없는 좌절을 겪을 때 이를 피하

Ch. 1_ 불안과 우울을 직면하라

지 않고 계속 이와 같은 사고를 유지한다면 가장 힘겨운 한 발을 내디딘 것이나 마찬가지다.

또한 청소년기 아이들은 주도성이 강하다. 이들은 아무리 큰 난관을 겪더라도 주도적인 태도로 이를 대처할 수 있다. 주도적으로 도움을 구하고, 주도적으로 자신을 이해하고자 하며, 주도적으로 의미를 탐구하고, 주도적으로 반성한다. 그리고 이 모든 행동이 외상 후 성장의 밑거름이 된다. 청소년기에 잘 훈련된 정신력은 성인이 된 후에도 자신의 보호막이 될 수 있다.

세상의 모든 청소년은 각자 다른 문제와 고민을 대면한다. 이들은 민감하고, 쉽게 길을 잃거나 낙담에 빠지기도 한다. 또 두려움을 느끼는가 하면 적극적으로 탐색에 나서고 의외의 열정을 보이기도 한다. 하지만 무엇보다 중요한 것은 부모와 주변 어른들의 관심과 이해다.

좌절은 경험이 되기도 하고, 용기를 북돋아 주어 스트레스에 대한 더 큰 내성을 키워준다. 외부 세상이 어떻게 변화하든, 스트레스에 대한 내성은 필수 불가결한 능력이다. 또 아이들이 비상하려면 가정과 주변 환경의 도움이 필요하다. 부모가 아이를 믿고, 아이는 부모를 믿으면 아이는 책임감 있는 성인으로 성장할 수 있다.

청소년기의 어려움을 겪고 있는 친구들에게

● 인터넷 의존도를 최대한 줄여보세요. 당신의 성장 경험은 본인만 할 수 있는, 인생에서 가장 소중한 선물이랍니다. 다른 사람의 삶을 완전히 똑같이 복사할 수는 없으니까요.

● 친한 친구와 자주 교류하면서 서로의 어려움을 나눠보세요. 그러면 혼자서만 청소년기의 여러 문제를 겪고 있는 게 아니란 걸 알게 될 거예요.

● 믿을 만한 어른을 찾아 대화를 나눠보세요. 청소년은 성장하고 있지만, 인생은 천천히 흐르죠. 먼저 경험해 본 사람의 노하우가 인생의 시행착오를 줄이는 데 도움을 줄 수 있습니다.

청소년기 자녀를 둔 부모님께

● 비판 대신 인내심을 가지고 아이의 생각을 들어줌으로써 존경받고 있다는 느낌이 들게 해 주세요. 이는 아이의 자신감에도 막대한 영향을 미친답니다.

- 아이의 감정 기복을 두루뭉술하게 넘기거나 깎아내리지 말고 충분히 이해한다고 표현해 주세요. 그래야 소통의 길이 열려 아이가 부모의 말을 들을 수 있습니다.

- 강압적인 태도를 내려놓고 자녀와 본인의 성장 경험을 나눠보세요. 성인이라면 누구나 청소년기를 거쳐왔으니. 본인의 힘들었던 기억을 떠올려 함께 이야기한다면, 아이들에게는 그 무엇보다 긍정적인 영향을 줄 수 있습니다.

- 가족 모두가 한마음으로 자녀의 감정 문제에 관심을 가지고, 최대한 이를 지지하고 함께해 주세요. 또 가족 분위기를 화목하게 유지해 주세요. 청소년기는 아이들의 성장을 위해 꼭 필요한 시기이자, 부모의 성장을 위해서도 반드시 거쳐야 하는 시기입니다. 공동의 성장은 부모와 자녀 관계에 친밀감을 더해줍니다. 특히 설교보다는 솔선수범이 더 효과적이라는 점을 꼭 기억하세요.

2

감정은
포용이
필요하다

감정의 연결선을 잘라내고 싶은 여성

감정의
암호 풀기

감정이 수많은 심리 문제를 야기한다는 것은 부정할 수 없는 사실이다. 그리고 사람들이 우울감이나 불안감과 같은 문제를 자주 겪는 이유 또한 자기감정을 어떻게 처리하고 위로해야 하는지 잘 모르기 때문이다.

감정이 다양한 문제를 일으킨다는 말에 누군가는 이런 반발심을 느낄지도 모른다. 인생 자체로도 이미 충분히 힘든데 감정까지 우리를 괴롭힌다니, 감정이라는 존재가 우리에게 정말 필요한 것일까? AI 기술이 하루가 다르게 발전하고 있는 현대사회에서는 감정이 없는 로봇의 효율성이 훨씬 높지 않을까? 앞으로는 인류도 아무 감정이 없는 방향으로 '진화'하지 않을까?

Ch. 2_ 감정은 포용이 필요하다

실제로 이런 질문을 던진 내담자가 있었다.

"박사님, 가끔 감정 때문에 피곤해 죽을 것 같을 때가 있어요. 그럴 땐 감정이란 감정은 모조리 없애버리고 싶다니까요? 그러면 일상생활에서나 직장에서 능률도 오르고 아무런 고민도 없을 것 같아요."

"그렇게 칼처럼 잘라내면 인류가 어렵게 진화시켜 온 감정의 코드를 낭비하는 것 아닐까요?"

"감정의 코드요? 그게 뭐예요?"

"현대 심리학 이론은 모든 감정에 잠재의식의 비밀 코드,[20] 즉 우리의 내면과 소통할 수 있는 정보가 담겨있다고 여겨요."

"예를 들면요?"

"모든 감정은 각자가 가진 고유한 작용 원리가 있어서 잠재의식을 통해 자신과 소통하기도 하고, 자신의 욕구를 반영하기도 해요. 예를 들어, 슬플 때는 주변 사람과 일에 흥미가 떨어지잖아요? 그건 슬픔이라는 감정이 마음을 느긋하게 가지라는 신호를 보내는 거예요. 또 슬픔은 '내가 상처를 받았고, 무언가를 잃어버렸다'라는 사실을 상기시켜요. 스스로 감정을 추스를 시간과 공간이 필요하다는 무의식적인 욕구를 전달하는 거죠. 그러니 슬픔의 감정 코드를 빨리 해독하면 할수록 슬픔이 장기 우울증으로 발전할 가능성도 줄어들겠죠?"

그녀가 이해했다는 듯 말했다.

"어쩐지 저도 슬플 때마다 사람들과 떨어져서 혼자 있고 싶더라고요."

"맞아요. 그것도 자아를 회복하는 과정의 하나일 수 있어요. 두려움이나 불안도 마찬가지예요. 두려움이나 불안은 우리를 더 빨리 도망치고 숨게 만드는 작용 원리를 발동시켜요. 그리고 '전방이 어둡습니다, 적이 어딨는지 불분명합니다'라는 정보를 알려주는 동시에 '안전에 유의하세요'라는 메시지를 전달하는 역할을 하죠. 두렵고 불안한 환경에 오랜 시간 노출되면 이 감정들이 격렬해지기 시작하는데, 그럴 땐 빨리 감정 코드를 해독하고 그에 맞는 대응 방식을 찾아내야 해요."

어느 정도 나의 설명에 집중하는 그녀를 보자, 나는 조금 더 감정에 대한 깊이 있는 이야기를 건넸다.

"분노는 사람들에게 환영받지 못하지만, 없어서도 안 되는 감정이죠. 분노는 우리를 '싸움'에 대비하도록 해요. 무엇보다 경계를 정할 때 필수적인 힘이죠. 예를 들어 불공평한 상황에 부딪히면 화가 나죠? 분노라는 감정이 우리를 보호하기 위해 애를 쓰고 있어서예요. 그래서 분노가 힘을 잃으면 개미처럼 짓밟힐 수도 있어요. 수치심도 환영받지 못하기는 마찬가지예요. 우리 내면을 극도로 불안하고 괴롭게 만드니까요. 수치심은 '남들에게 보여주기 싫어. 숨어버리고 싶어.'라는 메시지를 전달함으로써 자기비판, 자기 부정을 하는 감정입니다. '내 잘못이야, 사람들이 실망했을 거야.'라는 말들도 비슷하고요. 그렇지만 이 부끄러움을 이해하고 극복해야만 진정한 자아를 받아들일 수 있답니다."

과연 죄책감 때문에 느끼는 괴로움을 극복할 수 있는 사람이 몇이나 될까? 죄책감의 감정 코드는 문제를 직시하고 용서를 구하기 위해 노력하는 것이다. 또 '제가 상처를 줬을 수도 있는데, 저도 힘들어요. 죄송합니다.'라는 정보를 전달한다. 그런데 죄책감이라는 감정은 사실 용서받거나 존중받아야 하는 사람이 우리 자신임을 말해주는지도 모른다. 가끔 우리가 저지른 잘못이 아닌데도 죄책감을 느낄 때가 있는데 그럴 때 죄책감이 드는 근본적인 원인을 이해하면 죄책감에 휘둘리지 않는 데 도움이 된다.

또 다른 감정으로는 즐거움이 있다. 즐거움은 커다란 만족감을 가져다주고, 이러한 만족감은 우리에게 즐거움을 주는 일을 더 많이 하고 싶게 한다. '즐거움'이란 감정이 정서적 만찬처럼 매우 강력한 내적 동기를 제공하기 때문이다.

마지막 감정은 '사랑'이다. 사랑은 우리가 다른 사람을 보살피고, 공감하고, 선의를 베풀며 보호하게 만든다. 사랑은 또 사람들 속에서 외로움을 느끼지 않도록 우리 자신, 그리고 다른 사람들과 친밀한 관계를 구축하게 도와준다. 사랑은 비 온 뒤 피어나는 무지개이자 밤하늘의 은하수이고, 사랑은 우리가 이 세상과 우리 자신을 보살피는 이유다. 사랑은 우리에게 희망과 용기를 북돋고, 우리를 특별하게 만들며 앞으로 나아갈 수 있게 돕는다. 다만 슬픔과 분노, 부끄러움과 죄책감을 느껴본 사람만이 사랑의 소중함을 알 수 있다. 고통스러웠던 순간이 없으면 사랑이 소중하게 느껴지지 않기 때문이다.

미국 노스웨스턴대학교Northwestern University의 리사 펠드먼 배럿 Lisa Feldman Barrett 심리학 교수는 자신의 저서 『감정은 어떻게 만들어지는가』[21]라는 심리 과학 책에서 감정의 원인을 정확하게 이해하는 것이 자신의 감정적 경험을 더 잘 쌓는 데 도움이 된다고 밝혔다. 감정의 세세한 부분, 감정의 발달, 감정의 힘 등을 모두 이해하면, 이것이 자기만의 특별한 힘으로 전환되어 더 이상 감정에 휘둘리지 않는 진정한 감정의 주인이 될 수 있다.

그녀의 연구에 따르면, 고통의 원인을 이해하는 사람은 고통을 회피하는 사람보다 감정을 통제하는 능력이 30%가량 높다.

자기감정을 이해하는 사람은 상대적으로 건강한 심리적 방어 기제 덕분에 여러 나쁜 습관에 중독될 가능성이 적고, 남에게 화풀이도 덜 하는 것으로 나타났다. 이들은 또한 자기감정에 책임질 줄 알고, 주변 사람들에게 더 잘 공감하는 특징을 보인다.

자기감정 처리 능력이 높을수록 자기 내면의 감정 코드를 쉽게 발견하고 해독한다. 이는 그 사람의 EQ^Emotional Quotient(감정 지수)가 높다는 의미이며, 현대 심리학에서도 EQ가 높을 때의 장점을 인정했다.[22]

심리학적으로 감정은 세 가지 역할을 한다.[23]

첫째, 감정은 소통의 도구다. 미소 짓는 표정과 싫은 표정, 차가운 목소리와 따뜻한 목소리, 열린 몸짓과 거절의 몸짓 등은 모두 감정에서 비롯된다. 그래서 감정의 스위치를 끄면 이러한 소통의 진정성이 사라지고, 진정성을 잃으면 진심으로 타인을 마주할 능력을 잃고 만다. 진정성을 잃고 가면을 쓴 채 생활하면 결국 내적 소모와 자기 부정이 심해진다.

둘째, 감정은 행동의 엔진이다. 모든 감정의 이면에는 우리를 앞으로 밀어주는 추진력이 있다. 감정은 몸보다 먼저 주변의 환경에 반응해 왔다. 예를 들어, 두려움은 위험한 환경에 대비해 대응하거나 도망갈 준비를 하게 해 주고, 슬픔은 우리에게 치료와 치유가 필요하다는 사실을 상기시킨다. 분노는 자신을 지키기 위해 더 큰 힘을 발휘하도록 돕는다. 부정적인 감정의 보호가 없으면 우리는 경계를 잃고 타인에게 괴롭힘을 당하거나 위험을 외면함으로써 더 큰 위험에 빠지고, 심할 경우 심각한 심리 문제를 겪을 수도 있다.

셋째, 감정은 우리 내면의 가장 중요한 욕구를 충족시킨다. 우리 유전자에는 사랑과 따뜻함에 대한 갈망이 깊이 새겨져 있다. 로봇의 효율성이 사람보다 높아졌을지는 몰라도, 로봇은 사람처럼 서로 감정적으로 연결되지 못한다. 그런 우리가 자신의 감정을 무시하면 진심으로 자신을 사랑하고, 받아들이고, 이해하기 어려워진다. 그런 상태로 다른 사람을 이해하고 수용하고 사랑하는 것은 더욱 불가능하다. 간혹 자기감정을 무작정 억제만 하는 사람들이 있다. 이들은 약점이 없는 것이 아니라, 그저 아무에게도 신경을 쓰지 않는 것뿐이다. 그것이 자기 자신이라도 말이다. 그래서 이런 사람들에게 '아름답지만 영혼은 없다'라는 표현을 쓰기도 한다. 즉, 감정이 우리의 영혼이라는 말이다.

이어진 상담에서 나는 내담자에게 감정의 중요성을 하나씩 설명해 주었다. 그녀는 점차 자신의 다양한 감정을 이해하고 소중히 여기기 시작했으며, 자신을 더 깊이 이해하게 되었다.

사실 우리가 경험하는 감정은 위에서 언급한 기본적인 감정보다 훨씬 복잡하고 다양하다.

우리의 모든 경험과 체험 그리고 세상에 관한 느낌은 모두 감정의 코드 안에 숨어있다. '자기감정'의 의미는 자신만이 부여할 수 있는 특별한 꽃말이다. 그리고 우리는 세상에서 유일무이한 이 꽃을 소중히 다루어야만 한다. 인내심을 가지고 세심하게 물을 주고, 귀를 기울임으로써 이 꽃이 고유한 빛을 발하며 우리의 앞길을 밝히도록 돌보는 것, 이것이 감정의 진정한 의미가 아닐까?

- 사람들이 부정적인 감정을 두려워하는 가장 큰 이유는 스스로 이 감정들을 통제할 수 없다고 생각하기 때문입니다. 하지만 고통이나 괴로운 감정은 홍수나 맹수가 아니라서 둘러막거나 억누르는 방법으로는 극복하기 어렵습니다. **우리에게 필요한 것은 자기 내면을 경청하는 자세와 충분한 인내심입니다.**

- 사람에게는 다양한 날씨만큼이나 다양한 감정이 있습니다. 인생을 살면서 겪게 되는 여러 경험은 무엇보다 소중하고, 진지하게 마주해야 하는 것들이지요. 내면의 감정을 이해하고, 자신의 가치관을 고수하며, 자신의 느낌을 존중하는 일들은 내 삶의 강력한 방패가 됩니다. 외적으로는 자신을 보호하기 위한 경계를 정하는 법을 배우고, 내적으로는 스스로 상처를 주거나, 자신을 비하하거나 무시하지 않는 법을 배워보세요.

- 감정은 날씨와 같다고 합니다. 흐리고 비가 오는 날에는 우산을 챙겨보세요. 감정을 받아들이면 자신이 처한 상황을 정확하게 직시하고 다음 행동을 결정할 수 있습니다. 인생에는 한 가지 풍경만 있는 게 아니죠. 과연 비바람을 거치지 않고서 무지개를 볼 수 있을까요?

자신감의 원천,
자기 인정

심리상담을 진행하면서 자주 듣는 질문이 있다.

"자신감을 높이려면 어떻게 해야 하나요?"

예전부터 '자신감' 있는 사람들이 환영을 받아온 것은 분명한 사실이다. 또 자신감이 있으면 열등감도 있기 마련이지만, 이런 질문은 받아본 적이 없다.

"열등감이 느껴질 때 어떻게 대처해야 할까요?"

사람들은 '자신감'은 긍정적인 표현, '열등감'은 부정적인 표현이라고 자연스레 받아들인다. 그래서 자신감은 찬양하고 갈망하는 반면, 열등감은 바이러스라도 되는 것처럼 어떻게든 숨기고 감추려 든다. 아무도 열등감을 만지려 들지 않고, 보고도 못 본 척 눈을 돌린다. 하지만 이렇게 '눈 가리고 아웅' 하는 식으로 감춘다고 열등감이 사라질까? 열등감을 감추려 노력하면, 과연 열등감이 흔적도 없이 사라질까? 당연히 아니다. 여기 열등감을 숨기려 할 때 어떤 일이 생기는지 보여준 내담자가 있다.

　　처음 예약을 하러 온 남성이 프론트 데스크의 직원에게 큰소리를 쳤다. 상담실에 들어왔을 때 전화 응대만 하고 자신을 거들떠보지도 않았다는 이유였다. 그가 불만 신고를 하겠다며 씩씩거리는 가운데 가여운 프론트 데스크 직원은 동동거리며 그를 달래고 있었다. 그 장면을 목격한 나는 속으로 남성이 무례하다고 생각했다. 그런데 공교롭게도 내가 그의 심리상담사로 지정이 되고 말았다.

　　그런데 의외로 첫 상담은 꽤 재미있었다. 상담실에 들어오던 그가 도발적으로 물었다.

　　"박사 학위는 어디서 딴 거요? 경력은 얼마나 됐고? 뭐 전공

Ch. 2_ 감정은 포용이 필요하다

관련된 자격은 있나?"

내게는 그 도발이 권위를 내세워 우위를 선점하려는 모습으로 비쳤다.

나는 조용히 미소로 답했다.

"제 자격을 따지기 전에, 선생님께서 도움을 요청하신 이유를 먼저 들어보죠."

"내가 운영하는 회사의 직원이 수천이오. 회사 대표인 내 질문에 대답을 거절한 사람은 없는데?"

"그럼, 선생님을 거절하는 사람이 있으면요? 어떻게 되나요? 겁을 주시나요?"

내 질문에 잠시 멍해졌던 그는 한참이 지나서야 답했다.

"그렇지. 다들 겁을 먹지."

"그럼, 다른 사람이 무서워한다는 건 선생님께 어떤 의미인가요? 권위? 공포? 남들이 선생님을 두려워하는 걸 즐기시는 건가요? 혹시 상대방이 겁을 먹지 않는다면 선생님은 어떤 반응을 보이시나요? 혹시 오히려 상대방을 겁내는 건 아닌가요?"

단번에 민감한 점을 집어냈던 탓일까? 말문이 막힌 듯 우물쭈물하던 그가 이내 톤을 두 단계 정도 올려 소리 지르듯 격앙된 목소리로 말했다.

"내가 왜 겁을 내? 난 아무도 무섭지 않아!"
"그럼 자기 자신은 두려우세요? 누구에게나 약점은 있어요. 아니면 여기에 상담하러 오시지도 않으셨겠죠."

사실 나도 이렇게 빨리 상담으로 연결될 줄은 예상하지 못했다. 그 순간 그의 몸에서 힘이 빠지는 게 느껴졌다. 나는 그의 경계심이 높아지지 않도록 부드럽게 말했다.

"걱정하지 마세요. 우린 서로를 두려워할 필요가 없으니까요. 지금 저희에게 필요한 건 인내심을 가지고 선생님 마음의 문제를 살펴보는 거죠. 어려울 수도 있겠지만 적어도 이미 서로를 이해해 보려고 하고 있잖아요?"

초반에 진행된 두 번의 상담 동안 그는 자기 내면을 보여주는 것을 극도로 꺼렸다. 그래서 나도 상당한 인내심을 가지고 천천히 그의 성장 과정을 물어보며 나에 대한 신뢰를 쌓아갔다. 몇

97

차례의 상담이 더 이어지고 나서야 마침내 그가 말했다.

"모두가 날 무서워하고 따라주길 바라오. 아니면 내 존재감을
어떻게 확인해야 할지 모르겠거든."

"존재감을 확인하는 방법이 이것뿐이라고 생각한 계기가 뭘까
요?"

"내 부친이 그랬소."

드디어 그가 속마음을 밝혔다.

"아버지는 가난한 집안 출신이셨소. 엄청난 노력 끝에 케임브
리지 대학에 합격하셨고, 거기서 어머니를 만나셨습니다. 그런데
어머니는 부유한 집안 출신이라, 집안에서 두 분이 만나는 걸 극
구 반대하셨소. 겨우 결혼은 했지만, 아버지는 가난한 출신 때문
에 혹시나 무시당할까 봐 남들보다 잘난 모습을 보이려 항상 날
을 세우셨소. 항상 거만하게 행동하고, 다른 사람들이 당신을 두
려워하게끔 조금만 마음에 안 들어도 불같이 화를 내셨지."

"그랬군요. 그래서 화를 내거나 근엄하게 행동하는 게 존재감
을 표현하는 유일한 방법이라고 생각하셨던 거군요. 그럴 때 기분
이 어떠셨어요? 그 분을 존경하게 되던가요?"

"전혀 존경스럽거나 대단해 보이지 않았소. 그 때문에 어머니도 아버지를 떠나셨고…."

"보통 우리는 부모님의 감정 관계를 모델로 자기감정의 관계를 형성해요. 선생님은 부모님의 관계에서 분노를 보았지만, 다른 사람에게 존경받을 방법은 배우지 못하신 것 같아요. 그렇지 않나요? 분노와 권위는 존재감을 가져다줄 수 있지만, 동시에 친밀한 관계를 고사시킬 수도 있어요. 이렇게 잘못된 감정 표현 방식은 사실 자신감의 부족, 즉 열등감의 표현일 수 있어요. 권위를 앞세우지 않아도 충분히 존중받을 수 있다는 사실을 아셔야 해요."

그 후의 상담에서도 나는 그를 두려워하지 않으면서도 존중하고 있다는 표현을 천천히 꾸준히 해 주었다. 마침내 그는 내게 큰소리를 칠 필요가 없다는 사실을 깨달았다. 그동안 그가 들려준 모든 이야기를 기억하고, 그 내용을 분석하며 사고를 전환할 수 있도록 도왔기 때문이다.

마지막 상담에서 그가 진심을 담아 말했다.

"일전에 거칠게 굴었던 것, 정말 미안합니다. 제가 박사님을 과소평가했습니다."

"전혀요. 사실 분노로 존재감을 과시하지 않아도 사람들 대부분은 여전히 선생님을 존경한답니다."

분노는 자신이 얼마나 존중받는지를 확인하는 편집증의 일종으로, 화를 내지 않으면 다른 사람이 자기 말을 듣지 않는다고 여기는 사람에게 자주 보인다. 그런데 이들의 날카로운 가면을 지탱하고 있는 것은 사실 아주 연약하고 텅 빈 내면이다.

주변에 항상 남을 폄훼하고, 자기 우월감을 과시하는 데 열중하는 사람이 있다면, 그는 아주 높은 확률로 열등감을 가진 사람일 것이다.

요즘에는 인터넷의 발달로 사생활을 숨길 곳이 없어지고, 모든 일상은 자신을 드러내는 무대가 되어버렸다. 사각지대 없이 자신의 삶을 360° 모두 드러내는 행동은 막대한 감정 소모를 유발한다. 사람들이 밝고 화려한 모습을 보이는 이유는 의외로 자신감이 부족해서일 수도 있다. 하지만 타인과 비교함으로써 얻은 자신감은 그 효과가 오래가지 못한다.

심리학에서 말하는 '우월감'은 열등감에서 벗어나기 위해 만들어 낸 건강하지 못한 방어 기제다.[24] 자신이 세상에서 가장 화려한 옷을 입었다고 생각하지만, 실제로는 실오라기 하나 걸치지 않았다는 '벌거벗은 임금님'이 바로 우월감에 관한 유명한 이야기다.

　사실 가면이 아니더라도 열등감은 무의식적으로 남의 비위를 맞추거나, 자신이 잘못하고 있다고 의심해 항상 자신을 미워하거나, 자신이 내린 모든 결정을 미덥지 않아 하거나, 남들의 평가에 민감하거나, 죄송하다는 말을 입에 달고 살거나, 다른 사람에게 '안 된다'라는 말을 하기 어려워하는 등[25] 우리에게 익숙한 방식으로 나타나기도 한다.

　표출되는 방식이 어떻든 열등감은 결국 자신을 받아들이지 않는 데서 비롯된다. 자기 자신조차 본인을 받아들이지 않는데, 과연 세상이 자신을 받아들여 주기를 기대할 수 있을까?

　세상이 차가운 눈으로 바라보면, 당신은 자신의 가치를 정확히 인식할 수 있을까? 자신이 가진 최고를 발견하며 자랑스럽게 여길까? 아니면 자신을 그저 실패자라고 여길까?

　과연 당신은 자신을 좋아할까 아니면 싫어할까? 심리학에서 유명한 모리스 로젠버그Morris Rosenberg의 자존감 조사표Self-Esteem Inventory[26]를 통해 열등감이 있는지 스스로 한번 확인해 보기 바란다(자세한 내용은 부록 참고).

　마지막으로 알아야만 하는 것은, 자신감은 다른 사람의 인정

여부가 아닌 자기 자신을 인정하는 데서 비롯된다는 사실이다. 반면 열등감은 다양한 방식으로 표출된다. 그래서 열등감은 자기 자신을 똑바로 보지 못하게 가리고, 스스로 변화할 기회를 잃게 만든다.

그렇다면 우리가 열등감을 가지는 이유는 과연 무엇일까? 바로 진실한 자신을 대면할 용기가 없기 때문이다. 자신을 감출수록 자신을 똑바로 바라볼 용기를 잃게 된다. 그러니 진정한 자신감을 가지고 싶다면, 무엇보다 자기 자신을 제대로 바라볼 줄 알아야 한다.

성장 과정에서 겪은 자기 의심이 열등감의 원인이 될 수도 있고, 되돌릴 수 없는 과거에 평생 발목이 잡힐 수도 있다. 하지만 과거에 어떤 경험을 했든, 현재 어떤 모습을 하고 있든, 우리에게 중요한 것은 열등감을 멀리하도록 노력해야 한다는 사실이다.

어린 시절에 자신감이라는 '황금 갑옷'을 얻지 못했다고 해서 평생 갑옷을 구할 수 없다는 뜻은 아니다.

Dr. Yin의 심리상담 TIP을 통해 매일 조금씩 발전하고 자존감을 높여 열등감을 극복하고 진심으로 자신을 좋아하게 되기를 바란다.

잠시 쉬어 가세요, 런턴의 심리상담실

● 몸 상태에 주의하세요. 신체 반응에는 심리적인 암시가 담겨있습니다. 불안할 때는 무의식적으로 몸을 움츠리게 되죠? 열등감도 손과 발이 움츠러드는 신체적 반응을 보입니다. 몸을 쫙 펴는 동작이 열등감에 쌓인 상태를 빨리 벗어나도록 도와줄 수 있습니다.

● 돌발 상황이 생겨도 바로 반응하지 말고 잠시 기다려 보세요(30초 후에 답장 보내기 등). 어쩌면 상대방이 차갑게 대하지 않았는데 혼자 무의식적으로 공격받았다고 느꼈을 수도 있어요. 잠시 기다리며 상대방의 의사를 경청하는 법을 배우면 내면의 진솔한 반응을 정확히 보고 충분히 생각할 여유가 생긴답니다.

● 자신을 더 포용하세요. 자기 자신과 친구가 될지, 적이 될지는 찰나의 선택에 달려있습니다. 그리고 그 선택이 큰 변화를 몰고 올 수 있습니다.

기대감을
원동력으로

    사람은 누구나 더 멋지고 안락하며 풍요롭고 평화로운 인생을 기대한다. 그런데 기대하는 것만으로 우리가 바라는 목표를 이룰 수 있을까? 오늘은 심리학적인 측면에서 기대, 특히 비현실적인 기대가 안겨주는 상처에 관해 이야기해 보자.

    미국 작가 앤 라모트Anne Lamott는 "기대는 원망의 촉진제다."라고 말했다. 우리의 삶을 곰곰이 생각해 보면 이 말이 부단히 검증되고 있음을 알 수 있다. 다른 사람에 대한 기대(반려자, 부모, 친구 등)나 자신에 대한 기대(살 빼기, 예뻐지기, 유명해지기, 승진하기 등)는 정도는 다르지만, 우리에게 실망을 안겨준다. 그리고 실망은 기대를 원망으로 바꾸는 밑거름이 된다.

기대감은 행동력, 주도성과는 전혀 다른 개념이다. 이는 유아 시기의 자기애적 전능감과 관련이 깊으며, 성인 대부분은 이 시기에 형성된 '주·객관적 의식이 모호한 사고방식'을 여전히 가지고 있다.

유·아동기에는 주·객관적 의식이 모호한 탓에 자신에게 엄청난 능력이 있고, 생각이 현실이 될 수 있다고 믿는다. 아동심리학을 연구한 저명한 성장 심리학자 장 피아제Jean Piaget는 어린이가 객관적인 현실과 주관적인 의식 사이의 차이점을 구분하지 못한다는 점을 발견했다. 심지어 아이는 울며 떼쓸 때 누군가 그들의 필요를 충족해준 경험을 통해 자신이 원하면 무엇이든 할 수 있다고 여긴다. 누구나 한 번쯤 들어보았을 '유아기 전능감'이 바로 이런 현상을 설명하는 단어다.

장 피아제의 이론에 따르면, 주관적 의식이 확대되면 아이는 자기가 누구보다 강한 능력을 갖췄다고 여기게 된다. 예를 들어, 친구와 다투고 돌아서는데 마침 그 친구가 넘어지면, 아이는 자기가 화를 냈기 때문에 상대방이 넘어졌다고 믿는다. 혹은 부모님이 싸우는 모습을 보면 아이는 자기가 무엇인가를 잘못했기 때문에 두 사람이 싸운다고 생각한다. 장 피아제는 '전부 나 때문'이라는 유아기적 사고를 '마법의 생각'이라 칭했다. 실제로 아이들이 성장하여 사교 활동이 활발해지는 7세 정도가 되면 '**내가 세상을 지배한다**'라는 생각도 점차 사라진다.

하지만 문제는 여전히 이런 생각에 사로잡혀 성인이 되기를 두려워하는 이들이 많다는 것이다.

이들의 마음속에는 현실이 아무리 담금질해도 기적이 일어나길 고대하는 크고 작은 어린아이가 살고 있다. 그렇기에 좀처럼 기대를 내려놓지 못하고, 자신이 바라는 모든 것이 이뤄지기를 남몰래 갈구하는 것이다. 그렇지만 유년 시절의 우리에겐 '마법의 생각'에 의지하는 것 외에 현실을 바꿀 아무런 자원도 능력도 없었다는 사실을 잊어선 안 된다. 그리고 성인이 된 지금, 우리의 변화를 끌어내는 것은 '하고 싶다'가 아닌 '해야 한다'라는 마음가짐이다.

성인으로서 우리는 자신의 기대를 올바르게 관리하는 법을 배워야만 한다. 다른 사람에게 기대를 걸었을 때 더 많은 문제가 발생하기 때문이다.

미국 펜실베이니아 주립대학교에서 사회적 기대치에 관한 연구를 진행한 적이 있다. 그 결과, 사회적 관계에는 여러 종류의 기대가 섞여 있고, 사람들 사이의 기대는 점차 보이지 않는 사회적 규칙으로 진화하는 경우가 많다는 사실을 발견했다.[27]

얼마 전 승진을 한 내담자가 있었다. 그런데 뜻밖에도 그녀는 이번 승진 때문에 십 년 넘은 친구와의 우정이 깨졌다고 말했다.

"몇 년 전에 친구가 실직한 적이 있었어요. 저는 옆에서 힘들다는 얘기도 들어주고, 헤드헌터와 연락도 취하면서 정말 열심히 도와줬어요. 그리고 친구가 새로운 직장을 찾았을 땐 진심으로 같이 기뻐해 주었죠. 그런데 제가 승진했다는 소식에 그 친구는 냉담한 반응을 보이더라고요. '넌 네가 정말 준비가 됐다고 생각해? 내 생각엔 아직 좀 모자란 것 같은데.'라고 말하더군요. 그때 저는 그 친구에게 너무 상처받고, 실망했어요."

내담자는 친구와의 관계에 '내가 너를 위해 이만큼 노력했으니, 너도 나의 성과를 함께 기뻐해야 한다'라는 '보이지 않는 사회적 규칙'을 세워 놓았다. 그런데 친구의 규칙은 전혀 달랐을 수도 있다. 결국, 어긋난 사회적 규칙 때문에 내담자의 기대가 무너진 것이다. 일상생활에서도 이런 식으로 기대가 무너지는 경우를 자주 볼 수 있는데, 이는 배우자 관계에서도 마찬가지다.

결혼생활 문제로 상담을 온 부부가 있었다. 이들의 문제도 서로의 기대치 차이에서 비롯되었다. 아이가 태어난 후, 부인은 회사를 그만두고 전업주부로 전향했다. 직장에서 힘들게 거둔 성과를 포기하는 일이 쉽지는 않았지만, 그녀는 가족을 위해 희생해야 한다는 사실을 잘 알고 있었다. 그녀는 내심 남편이 이런 상황을 이해하고 자신의 희생에 고마워하기를 바랐다. 그러나 남편은 그녀의 희생을 이해하지도, 인정하지도 않았다. 자신의 모든 노력을 무시하는 남편의 모습에 그녀의 마음은 무너져 내리고 말았다.

한 번은 부부싸움이 끝나자마자 남편이 "집에서 할 일 없이 놀고 있으니 심심해서 싸움이라도 하자는 거야? 정말 한심하군."이라는 말을 던졌고, 그 말에 아내의 마음은 차갑게 식어버렸다.

부부 상담 중 그때의 일을 회상하던 부인은 하염없이 눈물을 흘렸다. 그녀는 "내가 직장을 그만두는 게 얼마나 힘든 일인지 당신이 이해해 주길 바랐어. 여전히 승승장구하는 동료들을 보면서 내가 얼마나 씁쓸했는지 알아? 그런데도 당신은…. 내가 가정을 위해 이만큼 희생하면 당신이 고마워할 줄 알았어. 당신한테 정말 실망했고, 원망을 안 하려야 안 할 수가 없어."라며 울먹였다. 아내의 이야기를 들은 남편은 당혹스러웠다. 아내가 이렇게까지 힘들어하는지 전혀 알지 못했던 것이다.

친구 사이나 부부 사이에 우리가 바라는 '기대치'에 관해 분명하게 소통하지 않으면, 내가 생각하는 보이지 않는 사회적 규칙은 대부분 상대방의 이해를 얻지 못한다. 그리고 이로 인해 서로의 기대는 무너질 수밖에 없다.

상담 후 부인은 표현의 중요성을 이해하게 되었다. 상대방이 자기 마음을 알아주기를 속으로만 바라서도, 혼자서만 '보이지 않는 사회적 규칙'을 지키고 있다고 여겨서도 안 된다. 이를 위해서는 자기에게 정말 필요한 게 무엇인지 정확하게 이해하고, 생활방식을 바꾸기 위한 대가를 치를 준비가 되어야 한다. 모든 사람이 나를 이해해 주기를 기대하기는 어렵다. 하지만 적어도 우리는 스스로를 이해해야 한다.

Ch. 2_ 감정은 포용이 필요하다

● 내적으로 기대를 목표로 바꾸어야 합니다. 목표는 작게 나누어 하나씩 이루어나갈 수 있지만, 기대는 수동적이어서 쉽게 이룰 수 있다고 장담하기 어려우니까요. 개방적이고 능동적인 태도는 무기력함을 이겨내는 강력한 도구입니다. 당신의 삶을 바꿔줄 '일확천금', '백마 탄 기사', 또는 누군가의 등장을 기대하지 마세요. 당신의 존재가 기대보다 훨씬 중요하기 때문이죠. 당신은 지금이라도 거대한 운명의 수레바퀴를 돌릴 수 있습니다. 비록 당장은 새로운 방향을 찾기 어려울지 몰라도, 당신이 발을 내딛는 순간, 새로운 길이 눈앞에 나타날 것입니다.

● 외적으로 내면의 경계를 설정하고, 자신이 바라는 점을 지속적으로 소통하고 표현해야 합니다. '보이지 않는 사회적 규칙'을 테이블에 올려놓고 논의해야만 상대의 마음을 더 잘 이해할 수 있습니다. 우정이든 애정이든, 제대로 전달되지 않는 감정은 수명이 짧을 수밖에 없습니다. 우리에겐 마음을 읽어내는 독심술이 없으니까요. 우리는 지금 이 순간에도 계속해서 성장하고 있죠. 그러니 기대가 실망이 되지 않도록 끊임없이 소통해야 합니다.

수치심이 삶을
통제하게 두지 마라

혹시 살면서 이런 느낌을 받아본 적이 있는가?

- 아무리 노력해도 부족한 것 같다.

- 뭐든 혼자서 할 수 있다. 그렇지 않으면 자신에게 실망스럽다.

- 다른 사람이 실망할까 봐 항상 불안하다.

- 인생의 모든 경기에서 무조건 이겨야 한다. 실패는 곧 능력 부족이
  나 무능함을 뜻한다.

- 삶은 편하기보다 불안한 것이다. 언제라도 재능이나 인품이 부족한
  나의 '거짓' 정체가 탄로 날 수 있다.

- 나의 모든 성공은 운이 좋았던 덕분이고, 나의 모든 실패는 능력이

부족했기 때문이다. 누군가 칭찬하면 마음이 불편해지고, 진심 어린 칭찬과 찬사도 부담스럽다.

• 다른 사람의 평가에 지나치게 신경 쓰고 억지로 타협하는 일이 잦다.

위의 항목 중 익숙한 설명이 하나라도 있다면 잠재의식에서 수치심이 작동 중일 가능성이 있다. 심리학에서 수치심은 '자기인식'에 속한다.[28] '자기인식'이란 일반적으로 스스로 타인과 다르다고 인식하는 감정을 뜻하며, 간혹 자부심 같은 긍정적인 감정도 있지만,[29] 대부분은 수치심, 부끄러움, 질투심, 당혹감 등의 부정적인 감정을 포함한다.

우울증, 초조함, 섭식 장애 등 정신질환의 여러 증상이 수치심에서 비롯될 만큼 수치심으로 인한 영향은 부정적인 감정 가운데서도 가장 크고 오래 지속된다.

예전에 인도계 영국 이민 2세대 내담자와 상담한 적이 있었다. 그녀는 세련되고 일 처리가 능숙했으며, 높은 업무 효율과 뛰어난 능력으로 서른이 되기도 전에 금융회사의 고위 세일즈 매니저가 되었다. 사람들은 그녀의 추진력을 칭찬하는 한편, 전도유망한 사람이 인품까지 훌륭하다고 입을 모았다.

그런데 뜻밖에도 그녀가 상담을 의뢰한 이유는 다름 아닌 그 '훌륭함' 때문이었다.

상담 첫날, 그녀는 몸에 꼭 맞는 정장을 입고 그에 적절히 어울리는 화장을 하고 있었다. 그녀는 미소조차 세심하게 연습한 듯 온화하면서도 강렬한 인상을 주었다. 오랜 상담 경험에 비추어 봤을 때, 그녀처럼 완벽한 사람은 대개 과도한 긴장감과 관련된 문제를 가진 경우가 많았다. 상담실에 들어온 그녀는 바른 자세로 의자에 앉았다. 그녀의 앉은 자세만으로도 나는 확신했다. 그녀가 다른 사람의 평가에 민감하다는 사실을.

나는 참지 못하고 말했다.

"여기서는 편하게 계셔도 돼요. 저는 선생님을 평가하지 않는답니다."

그녀는 나를 바라보며 한숨을 내쉬며 말했다.

"박사님이 보시기에도 제가 너무 긴장되고 강압적으로 보이시나요?"

"솔직히 제겐 긴장하신 모습만 보이는데, 어째서 본인이 강압적이라고 느끼시는 거죠?"

"저희 직원들은 하나같이 그렇게 말해요. 다른 팀의 매니저들도 제가 너무 강압적이어서 협업하기가 쉽지 않다고 그러고요.

Ch. 2_ 감정은 포용이 필요하다

사실 저희 팀은 어마어마한 판매 실적 압박을 받고 있어요. 그러니 실적을 채우려면 그 사람들의 감정을 다 봐줄 수가 없죠. 그런데 저는 또 이 상황들이 불안하고요."

나는 농담 섞인 말투로 물었다.

"원래는 '모두에게 사랑받는 부드러운 여상사'가 되고 싶었군요, 맞나요?"

"맞아요! 전 직원들과 사이좋게 지내고 싶어요. 그런데 저희 업계는 경쟁이 정말 치열하거든요. 회사에 대한 기여도를 높여 승진하고 싶다면 더 단호하고, 더 결단력 있고, 더 공격적이어야 하죠. 그런데 한편으로는 다른 사람들이 기분 나쁠까 봐 걱정이에요. 정말이지 모든 사람을 만족시키기는 불가능한 일 같아요."

"저는 왜 모든 사람을 만족시켜야 한다고 느끼시는지 궁금한데요? 아시다시피 그건 굉장히 높은 기준이거든요. 사람은 누구나 자신만의 기준이 있고, 그 잣대 또한 다 다르니까요."

"맞아요. 그런데 인도의 문화에서 여성은 모두를 만족시켜야 하는 존재예요. 저희 부모님도 업무 능력보다는 다른 사람들의 호감을 사는 걸 더 중요하게 생각하죠. 어릴 때부터 '네 주장을 너무 내세우지 마라, 그러면 다른 사람들이 널 싫어한다. 다른 사람들과 잘 어울려야 다들 널 좋아하게 된다.'라고 말씀하셨으니까요."

나는 잠시 생각했다.

"지금 하시는 말씀을 듣다 보니, 깊은 수치심과 낙담한 심정이 느껴지는 것 같아요. 식구들의 기대를 한 번도 만족시키지 못했고, 회사에서 거둔 성과도 그들의 기대에 부응하지 못한다고 여기는 것 같군요. 어릴 때부터 모두에게 사랑받는 것만이 여자로서 최고의 미덕이라고 배워왔고, 또한 그것이 부모님께 인정받는 가장 익숙하고 빠른 길이었을 테니까요. 그래서 지금 스스로 노력하고 분투해서 승진의 기회를 잡았는데도 본인의 강인함과 결단력 때문에 오히려 인정받지 못할까 봐 걱정되는 거죠. 그래서 수치심을 느끼는 거고요."

나의 분석을 들은 그녀는 고개를 끄덕였다.
수치심이라는 감정은 나의 기대와 타인의 기대가 상응하지 않을 때 나타난다. 여성은 사회로부터 '타인을 배려하고 친절하며 온화한' 역할을 기대받기 때문에, 업무적으로 성취감을 느낄 때 자신의 역할과 타인의 기대가 일치하지 않는다고 느낀다.

그녀는 내 말이 끝나자마자 곧바로 맞장구를 쳤다.

"맞아요, 박사님. 제가 생각해도 저는 자부심을 느낄 자격이 있어요. 최연소 고위 매니저가 되었으니까요. 하지만 이런 성과가 부정적인 평가로만 돌아온다고 생각하면 더 큰 수치심이 들어요. 제가 거둔 성과를 숨겨야 한다고 생각될 만큼요."

어린 시절부터 그녀에게 주입된 '모두의 사랑을 받아야 한다'라는 가치관, 그리고 성장한 뒤에 형성된 가치관 사이에 충돌이 생기면서 그녀는 자기 자신을 편안하게 대할 방법을 찾지 못하고 있었다. 자신의 뛰어난 역량을 받아들이지 못한 그녀는 업무적 성과와 회사에서 분투했던 노력이 남들에게 사랑받지 못하는 요소가 될 거라는 생각에 더욱 초조해졌고, 자신이 이룬 성취까지 부끄러워진 것이다.

우리의 마음속에도 수치심이 가득한 자아가 살고 있지는 않을까? 세상에 맞추는 것만 기억하고 자신은 잊어버린 자아 말이다. 심리학에서는 수치심이 이렇게 큰 위력을 가지게 된 이유가 가장 부정적인 감정에 속하기 때문이라고 분석했다. 사람들은 수치심이 들면 불편한 기분을 느끼고 무의식적으로 이 불편한 기분을 회피하려고 한다. 심리학에서는 이를 우리의 본능 중 하나인[30] '이익 추구와 위험 회피형 방어 기제'로 해석한다.

그런데 일반적으로는 문제를 회피할수록 초조함과 우울감이 더 쉽게 유발되며, 이는 수치심이 가장 고통스러운 감정으로 평가받는 이유이기도 하다.[31] 수치심의 또 다른 부작용에는 자기 배척, 자기 비하, 낮은 자존감과 자신감 그리고 자기 이미지 부정 등이 포함되고,[32] 장기간 수치심에 시달리면 우리는 자신의 장점을 보지 못하게 된다. 그리고 이런 식으로 수치심에 상처받을 때마다 우리는 자신이 부족하고, 불완전하며, 쓸모없다고 느낀다. 그러니 이런 기분이 들면 지나친 수치심으로 자신의 장점을 간과하는 것은 아닌지 생각해 보아야 한다.

심리학적으로 수치심이 형성되는 원리를 이해하면 성장 과정에서 부모가 아이에게 주는 만족과 격려가 깊은 관계가 있다는 것을 알 수 있다.[33]

어린 시절에 부정적이고 비하가 섞인 피드백을 많이 받으면 서서히 자신에게 실망하다가 결국 자기 비하와 혐오로까지 이어진다. '다른 집 애들은…'과 같은 비교가 좌절감과 수치심을 느끼게 하는 대표적인 예시다.

수치심은 주로 다른 사람과의 비교에서 비롯된다. 그런데 타인과의 비교는 사실 '유리와 다이아몬드'를 비교하는 일이나 다름 없다. 그런데도 자신의 연약한 마음을 다른 사람의 화려한 외모와 비교하다 보니 그렇게 쉽게 깨지는 것이다. 우리는 남과 비교하는 동안은 자신을 이성적으로 바라볼 수 없다.

　실수와 성취는 똑같이 중요하고, 실수도 우리의 일부라는 점을 인정해야 자신을 받아들일 수 있다. 그러면 삶이 더 수월해지고, 삶이 수월해지면 자기인식을 더 정확히 할 수 있다. 그리고 실수하는 자신을 받아들이고, 자기만의 빛을 볼 수 있어야 이번 사례의 내담자처럼 내면에서부터 강해져 수치심에 얽매이지 않고 온전한 자기 자신으로 살아갈 수 있게 된다.

　그렇다면 우리는 수치심이라는 감정을 어떻게 대하고 위로해 주어야 할까? 다음의 Dr. Yin의 심리상담 TIP을 통해 수치심과 맞닥뜨린 우리가 어떻게 이를 극복해야 하는지 살펴보자.

● 자신을 용서하는 법을 배워야 합니다. 어쩔 수 없이 실패나 실수를 저질렀을 때 용서하는 일은 모든 잘못을 자기 탓으로 돌리기보다 현실을 직시하고 문제를 파악하여 해결한다는 뜻입니다. 자책하는 데 과도한 감정과 에너지를 쏟지 말고 현재의 문제를 해결하는 데 집중하세요. 피할 수 없는 실수는 무엇인가를 배울 절호의 기회이기도 합니다.

● 자신을 긍정하는 법을 배워야 합니다. 인생의 길을 걷는 동안 계속해서 자신을 긍정하고, 매일 자신을 긍정할 만한 점을 기록해볼 수도 있겠죠. 직장이나 일상생활 속 작은 일부터 자신을 긍정하는 습관을 길러보세요.

● 자부심을 느끼는 법을 배워야 합니다. 자신을 긍정하는 방법을 배웠다면 자신에게 자부심을 배우는 법도 배워보세요. 자부심과 수치심은 모두 자기인식에 속하며, 우리와 타인을 구분하는 아주 중요한 감정입니다. 스스로 자부심을 느끼지 못하면 우리의 내면은 오랫동안 공허한 상태가 이어질 것입니다.

늘 세상과의 전쟁을 일으키는 남성

'분리'를 배워야
진짜 독립을 할 수 있다

언젠가 한 명문대생이 어머니를 살해했다. 체포되는 순간부터 재판에 넘겨지는 모든 과정이 세간의 이목을 끌었다. 그와 어머니의 관계 역시 어머니의 일기를 통해 세상에 밝혀졌다. 명문대생 아들이 어머니를 냉혹하게 살해한 사건은 아주 극단적인 사례지만, 이를 통해 건강한 가족이 아이의 성장에 얼마나 중요한지를 엿볼 수 있다.

가족은 자연적으로 밀접한 관계를 형성한다. 한 가정 내 모든 가족 구성원의 감정이 모두 한 용광로에 뒤섞이는 탓에 그 속에서 독립적인 자아를 찾아내기란 무척 어렵다.

사람은 대개 태어날 때부터 계속 함께해 온 원가족의 잘못 때문에 인생이 실패했다며 자기가 겪는 모든 문제를 종종 원가족 탓으로 돌린다. 그렇지만 사람은 누구나 실수를 하기 마련이다. 과거 그들이 저지른 실수를 되짚어 보는 이유는 죄를 묻기 위해서도, 자기 해방을 위해서도 아니다. 깊이 사고함으로써 자신과 다음 세대로 이어질 수 있는 상처를 최소화하는 데 그 목적이 있다. 우리는 대부분 양육자에게 원하는 사랑을 받지 못한다. 그렇다고 양육자가 우리를 사랑하려 노력한 적이 없다는 뜻은 아니다.

원가족에 대해 고찰하고 편견을 씻어내는 과정은 나선형으로 이루어지는 자아 발견과 자기 분할의 과정이자 평생이 걸릴 수도 있는 험난한 여정이다.

여러 감정 문제의 이면에는 '원가족'이라는 낙인이 진하게 찍혀 있다. 중국 광둥廣東에서 온 이민 가정 출신 내담자가 이런 사례에 속했다. 그는 회사 생활에서 자주 화를 참지 못한 탓에 승진 기회를 여러 번 놓쳤다며 상담실을 찾았다.

상담실에 들어올 때도 그는 화를 감추지 않고 불평을 쏟아내며 "주차장 찾기가 왜 이렇게 어려워? 그 와중에 새치기하는 놈은 뭐야? 멍청한 새끼!"라는 거친 말을 쉴 없이 뱉어냈다.

Ch. 2_ 감정은 포용이 필요하다

예의를 깍듯하게 지키는 영국인들 사이에서 아시아계 이민자들이 모범 이민자 계층으로 불리는 배경에는 예절과 겸손을 중요시하는 문화도 큰 몫을 차지한다. 이렇게 비상식적으로 끊임없이 막말을 쏟아내는 중국계 이민 2세대 내담자는 나도 처음이었다. 크리스마스가 가까운 12월의 겨울이라 상담실에 들어서는 그의 옷 위로 눈이 소복이 쌓였지만, 그의 얼굴만큼은 시뻘겋게 달아오른 채였다. 그가 나를 보며 짜증이 섞인 말투로 물었다.

"당신도 중국인이요?"

나는 고개를 끄덕였다. 그러자 그는 점화된 폭죽처럼 분노를 터트렸다.

"이 봐 이 봐, 그 유명한 '엄친딸'이 여기 있었네? 오늘 심리상담을 받는데 상담사가 중국 출신 여박사라는 걸 우리 엄마가 알면 날 무능력하다고 또 욕할 거요."

"어머니께서 꾸짖는 모습이 계속 머릿속에 떠오르는 이유가 뭘까요?"

"그야 당연히 엄청난 잔소리쟁이니까요. 무조건 엄마가 시키는 대로 따라야지, 제 의견 따윈 중요하지 않아요. 남들은 내가 화를 많이 내고 성격이 나쁘다고만 하죠. 그런데 생각해 보세요. 운전할 때 다른 사람이 새치기하는 걸 보면 소리치고 싶지 않습니까? 길을 가는데 다른 사람이 막아서면 상대방을 밀어버리고 싶지 않냐고요. 아니면 상사가 대놓고 저를 욕하는데 앙심이 안 생기고 배겨요?"

그는 분노가 가득한 말을 총알처럼 빠르게 쏘아댔다. 나는 그의 말이 끝나기를 기다렸다가 물을 한 컵 건네주며 말했다.

"저도 그렇다고 말씀드리면 기분이 조금 풀리실까요?"

"당연하죠. 저는 그냥 저를 있는 그대로 이해해 줄 누군가가 필요해요. 제 성격이 폭력적인 게 아니라, 이 세상에 재수 없는 사람이 너무 많은 거라고요!"

"여태까지 분노로 이 세계에 반항을 해오신 것 같군요. 날마다 이렇게 싸우려면 정말 피곤하시겠어요. 선생님과 '세상의 전쟁'은 언제부터 시작되었나요?"

계속 화를 내던 그는 질문을 듣더니 깊은 생각에 잠긴 듯 점차 안정되었다. 그는 생각을 이어가며 말했다.

"일단, 저는 전형적인 이민 가정에서 자랐어요. 부모님은 젊었을 때 광둥에서 바다 건너편 이곳 영국으로 이민을 오셔서 아주 작은 세탁소를 운영하셨고, 점차 요식업으로 전향하셨죠. 당연히 두 분은 일에 치여서 저희를 제대로 돌봐주지 못했어요. 그런데도 저희 형제들에게 좋은 성적을 내라고 강요하셨죠. 제게는 형이 세 명 있어요. 형들은 항상 저를 괴롭혔는데도 저보다 성적이 좋다는 이유로 한 번도 부모님께 혼난 적이 없어요. 말을 안 듣는다며 저만 나무라셨죠. 부모님은 화가 날 때마다 '널 왜 낳았는지 모르겠다, 왜 형들을 보고 배우지 않는 게냐!' 등등 저만 나무라셨어요. 이 얼마나 불공평한 일인가요!"

"그럼, 학교에서는요?"

"학교는 말도 꺼내지 마세요. 늘 엉망인 성적 탓에 동급생들에게 괴롭힘을 당했죠. 무시당하지 않으려면 화를 낼 수밖에 없었어요."

그와 세상의 전쟁은 그때부터 이미 시작했던 것이다. 억눌린 환경에 두려움을 느낀 그는 자신만의 방식으로 '탈출구'를 찾아야만 했다. 그는 어린 시절의 자신에 대해 항상 전투태세를 갖추고, 절대 약한 모습은 보이지 않기 위해 소리를 지르며 자신을 드러내야 했다고 고백했다. 그는 이런 전투적인 성장 과정을 거치는 동안 점차 자기 내면의 부드러운 면을 잃어버렸다.

언제나 호전적인 태도를 갖춘 탓에 가장 가까운 사람을 포함한 모두가 그에게는 적이었고, 그는 인내심을 잃고 소통 능력을 상실하게 되었다. 간혹 분노를 참지 못할 때면 그는 아무리 따뜻한 관심과 손길이라도 모조리 밀어냈다.

과거에 받은 상처, 그리고 그 상처가 남긴 고통이 내면의 경계 경보가 되어 '분노'라는 무기를 절대 내려놓지 못하게 만들었다. 몇 번의 해가 바뀌는 동안 그의 내면은 점차 분노라는 감정에 갇혀 다른 사람이 들어가지도, 자신이 헤어나오지도 못하는 악순환의 고리에 빠져버렸다.

"올바른 방식으로 우리를 존중하고 경청해 주는 사람이 없으면 외로움이 성큼 찾아와요. 외로움은 두려움을 동반하고, 두려움은 분노라는 무의식적 반응을 빚어내죠."

나는 내가 분석한 내용을 설명했다. 설명을 들은 그는 크게 동의했다.

"맞아요. 집에서 존중받는다는 느낌을 받아본 적이 한 번도 없어요. 어릴 때부터 지금까지 저는 호통치는 소리만 들었어요. 부모님은 저희 형제들에게 소리를 질렀고, 형들은 저에게 소리를 질렀으니까요. 학교에서도 제가 받은 거라곤 차별과 괴롭힘 뿐이 었고요."

"부드러운 소통을 본 적이 없으니, 자기감정을 올바르게 전달한다는 게 어떤 느낌인지 상상하기도 어려우셨겠죠."

"그러니까 박사님 말씀은, 가족이 드리운 그림자 때문에 제가 분노로 세상을 대할 수밖에 없었다는 거죠?"

"그렇습니다. 누적된 자신감 결여, 부모님의 무시, 학교에서의 따돌림. 이런 부정적인 에너지가 가슴에 쌓여서 불만 붙이면 언제라도 폭발하는 시한폭탄이 되어버린 거죠. 그런데 혹시 이런 생각은 안 해 보셨나요? 본인의 분노가 폭발할 때마다 대가를 치러야 한다는 사실 말이에요. 바깥세상으로 분노를 표출한다고 자기 내면이 따뜻해지는 건 아니잖아요. 안 그런가요?"

원가족 때문에 오랫동안 형성된 심리 문제를 단번에 해결할 지름길은 없다. 마음의 성장은 단계별로 차근차근 이루어진다. 그래서 이를 재건하기 위해서는 원가족이 우리에게 미친 심리적 영향이 얼마나 큰지, 상처는 얼마나 깊은지, 그리고 이 상처로 어떤 감정 또는 스트레스 반응을 일으키는지를 먼저 확인해야 한다. 이번 내담자의 스트레스 반응은 모든 감정이 분노로 표출된다는 것이었다.

이것이 내면을 재건하는 첫 단계이자 가장 중요한 단계다. 우리는 자기인식을 거쳐 감정과 행동의 근본적인 원인을 찾고, 자신을 용서하는 여정을 시작하여 서서히 내면을 변화시켜야 한다.

심리학에서 정의하는 '건강한 원가족'이란 양육자가 정서적으로 안정적이고 성숙하여 자신의 감정에 책임을 질 줄 알고, 양육의 책임을 이해하며, 아이의 독립적인 의사를 존중할 줄 아는 가정이다.[34]

성장은 쉽지 않은 과정이고, 그 가운데서도 가정환경은 성장에 지대한 영향을 미친다. 이는 양육자에게도 마찬가지다. 스스로 반성하고, 자각하고, 치유하고, 책임을 지지 않으면 우리가 받은 상처는 너무나 쉽게 복제되어 나의 잠재의식을 통해 다음 세대로 이어질 것이다.

건강한 원가족과 자란 아이는 자기 필요에 대한 중요성을 이해하고, 수치심과 죄책감의 영향을 덜 받으며, 무조건적 사랑에 대한 믿음과 다양한 일을 시도할 용기를 더 많이 갖게 된다. 또 스스로 경계를 정하고 자신을 보호하며 인생을 즐길 줄 안다. 그래서 건강한 원가족에게 받는 사랑은 매우 소중한 것이다.

원가족 문제는 사실 대부분의 사람이 가지고 있다. 그러니 부모를 탓하기보다 마음을 가라앉히고 자신을 채우는 편이 훨씬 유익하다.

명나라의 원요범袁了凡이 아들에게 인생을 가르치기 위해 작성한 『요범사훈了凡四訓』에 "과거의 모든 것은 어제 죽은 것과 같고, 앞으로의 모든 것은 오늘 태어나는 것과 마찬가지다."라는 구절이 있다. 심리학에도 이와 비슷한 이론이 있는데, 과거는 바꿀 수 없고 우리가 잃어버린 어린 시절과 청년 시절은 돌아오지 않는 것처럼, 예전에 받지 못한 양육자의 사랑이 기적처럼 다시 나타날 수 없다는 것이다. 슬픔은 종종 치유의 시작을 알리기도 한다. 그러니 슬플 때는 두려워하지 말고 마음껏 슬퍼하기 바란다.

슬픔과 트라우마 치료를 위한 유명한 심리학 모델이 있다. 1969년 스위스 출신의 유명 정신과 의사인 엘리자베스 퀴블러 로스Elisabeth Kübler-Ross가 개발[35]하여 원가족에게서 벗어나려는 사람에게 적합하다고 알려진 이 모델은 슬픔의 과정을 5개의 독립적인 단계로 나누고 있다.

그가 나눈 다섯 단계는 '부정-분노-협상-우울-수용'이다.

1단계 부정 : "뭘 그렇게 심각하게 생각해? 별것도 아닌 일로 왜 이렇게 호들갑이야? 애들이 다 그렇게 크는 거지, 나도 그랬다고. 원가족 문제는 무슨. 괜히 쓸데없는 생각하지 마."

2단계 분노 : "다들 나한테 왜 그러는 거야? 내가 뭘 잘못했다고? 나한테 상처 주는 게 너무 싫어!"

3단계 협상 : "아직은 괜찮을 수도 있어. 내가 부모님 말씀을 더 잘 듣고, 더 노력해서 빨리 성공하면 부모님의 무조건적 사랑을 얻을 수 있을 거야."

4단계 우울 : "너무 슬프고 무기력해. 친부모도 날 좋아하지 않는데 세상 누가 날 좋아해 주겠어?"

5단계 수용 : "그래. 어차피 과거는 바꿀 수 없어. 다른 사람(양육자 포함)을 바꾸려는 생각도 다 헛된 거야. 과거에 받은 상처를 받아들이는 대신 이젠 내 감정의 출구를 찾아야겠어."

이 다섯 단계는 과거의 자신과 어떻게 정중한 작별을 하고 자신의 과거를 어떻게 떠나보내야 하는지 알려준다. 이 과정을 거쳐 우리는 고통을 극복하고, 미래를 바라볼 기회를 가지며, 내면에 과거의 감정을 위한 새로운 자리를 배치해 줄 것이다.

이번 내담자도 마찬가지였다. 그는 슬픔, 그리고 아쉬움과 작별하면서 한 걸음씩 과거에서 벗어나기 시작했다. 상담이 거의 끝나갈 때쯤 그가 말했다.

"이제 알겠어요. 진정한 독립은 원가족의 영향에서 최대한 벗어나 제 삶에 대해 독립적으로 생각하고 책임져야 가능하다는 걸요. 이제 화가 나도 과거의 성장 환경을 탓하지 않을 거예요."

"맞습니다. 아마 긴 여정이 될 거예요. 그런데 벌써 그 길 위에 계시잖아요? 그건 과거에 매몰되지 않았다는 뜻이죠. 그러니 항상 스스로 응원해 주세요."

Dr. Yin의 심리상담 TIP에는 과거에서 벗어나 더 나은 미래의 나를 찾을 방법을 알려준다. 이를 통해 온전한 독립을 이르는 길을 당당히 걸어가 보자.

잠시 쉬어 가세요, 런던의 심리상담실

Dr. Yin의 심리상담 TIP

- 순조롭게 자기 자신을 되찾으려면 어떻게 해야 할까요? 우선 경제적인 독립을 이뤄야 합니다. 심리적 독립과 경제적 독립은 아주 긴밀하게 연결되어 있습니다. 자신의 생계를 책임질 수 있다는 전제가 성립되어야 마음의 성장을 탐색해 볼 수 있기 때문이죠. 여전히 부모님이나 다른 사람에게 경제적으로 의존하고 있다면 심리적 독립을 완성하는 과정은 매우 어려워집니다.

- 심리적 독립을 계속 유지하면서 자기 내면을 적극적으로 탐구하면 자신만의 진정한 자유를 얻을 수 있습니다. 심리학의 대가 칼구스타프 융은 "나의 과거는 나로 정의될 수 없다."[36]라고 말했습니다. 과거에 아무리 많은 상처를 입었더라도, 미래는 지금의 당신에게 속해있기 때문입니다.

엄마에게 죄책감을 느끼는 여성

죄책감, 너무나 무거운
사랑의 감정

아직도 그녀를 처음 만난 날이 또렷이 기억난다. 한겨울, 런던에서 보기 드문 눈이 펑펑 내리던 날이었다. 선명한 빨간색 패딩을 입은 그녀는 키가 작았지만 구릿빛 피부와 탄탄한 몸매 덕분에 에너지가 넘쳐 보였다. 그녀가 들어서자 눈이 그치고 날이 갠 듯 상담실이 한층 환해졌다.

그녀는 나를 보고는 흥분한 듯 중국어로 물었다.

"박사님도 중국인이세요?"

그렇다는 답을 들은 그녀가 환한 미소를 지었다.

"런던에서 중국 출신 심리학자를 만나다니, 저 정말 운이 좋은 데요? 문화적 배경이 같으니까 저를 더 잘 이해해 주실 것 같아요. 솔직히 여기 오기 전까지 영국 심리상담사에게 '맞선'이라는 개념을 어떻게 설명해야 하나 걱정했거든요."

심리상담에서 문화적 배경이 같으면 내담자가 긴장을 풀고 모국어로 자신을 표현할 수 있어서 상담이 훨씬 순조롭게 진행된다.[37]

상담이 시작된 후 나는 그녀가 정말로 쾌활한 성격을 가졌으며, 성격만큼이나 이력도 눈부시다는 사실을 알게 되었다. 그녀는 중국에서 아이비리그 대학에 합격하고, 그중에서도 인기 높은 경영학을 전공했다. 런던으로 이주한 후 고액 연봉을 받으며 투자은행 취업에 성공한, 누가 봐도 뛰어난 엘리트 여성이었다. 그런데 그녀의 우울증 지수 검사 결과는 뜻밖에도 중증 우울증의 경계에 있었다.

그녀가 고통스러운 듯 내게 말했다.

"어떻게 해야 엄마를 만족시킬 수 있을지 정말 모르겠어요. 아무것도 통하질 않아요. 물론 엄마가 저를 너무 사랑한다는 건 알지만, 지금은 맞선을 보고 싶지 않아요. 정말 너무 힘들어요."

찡그린 미간과 고뇌에 찬 눈빛에서 그녀의 무력감이 느껴졌다. 그녀에게 말했다.

"스트레스를 많이 받는 것 같네요."

"엄마 앞에서는 한 번도 실수한 적이 없어요. 엄마를 실망하게 할 수 없었으니까요."

"왜요? 어머니께서 매우 엄한 편이신가요?"

"엄마는 항상 당신이 하는 모든 건 저를 위한 일이라고 말씀하세요. 그러니 저도 엄마를 실망시키면 안 된다고 생각했고요."

"어머니께서 실망하시면요? 그러면 어떤 기분이 드나요?"

나는 그녀가 어머니를 실망시키고 싶지 않은 진짜 이유를 알아보고자 그녀의 내면에 한 발짝 더 깊이 들어가는 질문을 던졌다. 입을 닫고 답을 생각해 내기 위해 노력하던 그녀는 결국 확실하지 않다는 듯 말했다.

"엄마가 실망할 때마다 긴장되고 죄책감을 느꼈어요. 맞아요! 죄책감이었어요!"

"그렇다면 어머니의 사랑에 대한 죄책감은 언제부터 시작된 건가요? 혹시 기억하시나요?"

나는 가족애의 근원을 찾는 여정에 동행하듯 그녀의 사고를 따라가며 질문을 이어갔다.

상념이 그녀를 어린 시절로 끌고 간 걸까. 잠시 침묵이 이어지더니 그녀가 추억을 회상하며 말했다.

"엄마가 고생을 많이 하셨어요. 매일 손수 밥을 차려주고 비싼 학원비도 내주셨고요. 그 대신 제가 사귀어도 괜찮겠다 싶은 친구들을 엄마가 원하는 대로 골라줬어요. 아마 그때부터 엄마가 저를 사랑하고 고생하니까 엄마의 뜻을 거스르면 안 된다고 생각한 것 같아요. 안 그러면 죄책감이 느껴지니까요. 이러면 안 되는 거죠, 박사님?"

"죄책감이 괜찮은지 안 괜찮은지는 상황에 따라 달라요. 대신 심리학에서 보는 죄책감에 관해 설명을 좀 드릴 테니 들어보시겠어요?"

"네, 저도 제가 왜 이렇게 죄책감을 느끼는지 알고 싶어요."

"죄책감은 현대 심리학의 창시자인 지그문트 프로이트 Sigmund Freud가 제시한 개념이에요. 그는 죄책감이 처벌을 피하려는 무의식적인 감정 반응[38]의 일종이라고 여겼어요. 현대 심리학, 특히 정신분석학파는 죄책감이 긴장된 감정이라고 의견을 모았어요. 죄책감에는 후회와 자신에 대한 분노가 포함되고, 이런 감정은

Ch. 2_ 감정은 포용이 필요하다

우리를 긴장하고 불쾌하게 만들죠. 그래서 내면의 반대에 부딪혀도 무의식적으로 상대방의 요구를 따르게 돼요. 다른 사람을 거절하면 우리 책임이나 잘못이 아니더라도 괜한 죄책감이 생기잖아요? 그럼 결국 자신의 진정한 욕구를 따르는 대신 내면에 반하는 선택을 하고 말죠."[39]

"아, 매번 제가 엄마께 천천히 제 생각을 말씀드리려고 해도 어려웠던 이유가 여기 있었군요."

설명을 들은 그녀가 말했다.

"맞아요. 순종하는 데 익숙해져서 오히려 어머님과 더 가까워질 수 없었던 거죠. 죄책감 때문에 어머니 말씀을 따르는 건 일시적인 순종에 지나지 않아요. 서로 공감하고 이해했다면 죄책감은 생기지 않았겠죠. 그래서 가족과의 관계가 더 소원해진 거고요. 어떻게 생각하세요?"

그녀가 고개를 끄덕이며 말했다.

"정말 그래요. 제가 크면서 엄마한테 말을 안 하고 감추는 게 많아졌거든요. 엄마가 알면 실망하실까 봐 걱정도 됐고, 엄마가 화를 내거나 실망하면 저는 죄책감을 느껴야 했으니까요."

 "아무리 사랑하는 사람이라도 경계선은 필요해요. 그래야 서로의 자아가 성장할 공간이 확보되니까요. 두 분의 관계에서는 어머니께서 너무 협소한 공간만을 허락해 주신 것 같아요. 방금도 말씀하셨지만, 자랄수록 독립적이고 자신만의 생각을 가지게 되죠. 그런데 죄책감 때문에 어머니와 소통도 못 하고 속마음을 꾹꾹 담아만 뒀을 거예요. 그러니 관계가 힘들게 느껴졌을 테고요. 안타깝게도 오늘은 상담 시간이 거의 다 되었으니, 다음 상담 전까지 성장을 위한 본인만의 공간이 필요하진 않은지 생각해 보세요. 공간이 필요하다면, 어머니와 어떻게 소통하실 건지도 같이요."

 그녀는 미소를 지으며 자리에서 일어났다.

 "박사님, 고마워요. 마음이 한결 가벼워지고 자신감도 더 생긴 것 같아요. 다음에 또 뵐게요."

 그리고 두 번째 상담 날. 그녀는 상담실에 들어서는 순간부터 대성통곡을 했다. 나는 서둘러 티슈를 몇 장 건네고 그녀가 진정할 수 있도록 따뜻한 물을 따라주었다.

그녀가 울먹이며 말했다.

"지난번 상담이 끝나고 나서 혼자 생각도 많이 하고, 깨달은 것도 많았어요. 그래서 용기를 조금 냈죠. 어쨌든 저도 이제 성인 이고, 저만을 위한 공간에서 저만의 생활을 해야 하니까요. 그런 데 엄마께 이런 말씀을 드렸더니 제가 불효를 한다며 당장 귀국 해서 직장부터 잡고, 선을 보고 결혼이나 하라며 불같이 화를 내 셨어요. 엄마는 제가 외국 생활을 한 뒤로 말도 안 듣고 이기적 으로 변했다고 하세요."

여기까지 말한 내담자는 또 속이 상한 듯 울기 시작했다. 하나 에서 열까지 세심하게 다 챙겨주던 어머니가 갑자기 이렇게 단호 하고 강경한 태도를 보이자 당혹감에 무너진 것이었다.

겨우 되찾은 자신감이 또다시 어머니의 공격을 받자 그녀는 상 담 내내 이런 말을 반복했다.

"저도 진심으로 엄마를 사랑하고, 엄마가 저를 위해 얼마나 고 생하시는지도 너무 잘 알아요. 그런데 엄마의 사랑이 저를 숨 막 히게 해요. 엄마와 통화를 마칠 때면 항상 실패했다는 느낌을 받 아요. 아무리 노력해도 엄마가 자랑스러워하거나 기뻐하는 모습을 볼 수 없으니까요. 이제 저는 최소한의 안전감도 느끼지 못하겠어요. 엄마한테 버림받은 것 같아요. 엄마가 저를 버리면 제 삶이 무슨 의미가 있을까요?"

"본인이 살아가는 의미는 바로 자기 자신이에요. 바로 독립을 뜻하죠. 아무도 본인을 정의할 수 없어요. 오직 자신만이 할 수 있죠."

그녀는 이 말에 놀란 듯했다. 한 번도 '독립'이 정확히 무슨 뜻인지 생각해 본 적이 없었기 때문이었다.

미국의 유명한 정신과 의사이자 정신분석 치료사인 헬렌 블록 루이스Helen Block Lewis는 심리학적 독립에 관한 자신의 견해를 밝힌 바 있다. 그녀는 **'독립'이란 자신이 살아가는 의미를 찾는 것을 뜻하며, 이러한 의식의 성장은 주변 사람 및 가정과 관련이 있지만, 더 중요한 것은 외부를 탐색하고 독립적으로 사고하는 능력**[40]이라고 했다.

부모에게 의존하거나 부정당하는 것에 익숙해지면 독립에 가장 중요한 '자아 확신'과 '용기'를 잃어버린 것이기 때문에 독립의 길은 첫걸음부터 험난해질 수밖에 없다.

나는 묵묵히 티슈를 건네며 그녀가 안정되기를 기다렸다.

"본인 스스로 어머니의 극진한 사랑을 느끼고 있고, 어머니께서 얼마나 노력하셨는지는 저도 충분히 알겠어요. 그러면 우리 이제 어머니의 사랑을 받았을 때 그 느낌이 어땠는지에 관한 이야기를 나눠볼까요?"

그녀는 이해가 되지 않는 듯 나를 보며 물었다.

"사랑받는 느낌이요? 제가요?"
"그럼요. 사람마다 사랑하는 방식이 다르듯, 사랑받는 느낌도 다양하죠. 어머님께서 사랑을 표현할 때 본인이 느낀 가장 큰 감정은 무엇이었나요?"

대부분 사랑을 주는 사람은 사랑을 받는 상대방의 마음은 고려하지 않은 채 주관적인 의식에 기반하여 '전부 너를 위한' 결정을 내린다. 그러므로 관계에서는 사랑을 받는 당사자의 느낌이 매우 중요하다.

내담자는 자기 마음을 제대로 보기 위해 한참을 고심했다. 얼마간 침묵의 시간이 지나고 마침내 그녀가 단호하게 말했다.

"죄책감, …그리고 숨 막힘이요."

"죄책감과 숨 막힘이라. 아주 무거운 사랑이군요."

그녀는 내 말을 듣더니 눈물을 쏟아냈다.

"항상 커다란 산을 짊어지고 있는 느낌이었는데, 제가 힘든 게 이것 때문이었네요."

흔히 부모의 사랑은 태산보다 높다고 말하지만, 그 사랑이 이렇게까지 무거울 필요는 없다. 이런 깨달음은 쉽게 찾아오지 않는 데다 고통을 동반하기에 나는 내담자와 함께 고심하기 시작했다. 어머니의 모성애 덕분에 그녀는 성장 과정에서 충분한 보호를 받았지만, 이 모성애 때문에 깊은 죄책감에 시달리는 고통의 길을 걸어왔다.

"죄책감과 숨이 막힐 것 같은 사랑은 무의식적으로 '어머니 기대에 부응해야 해'라는 생각을 하게 만들어요. 착하고, 말 잘 듣고, 순종적인 효녀가 되어야 한다는 생각이요. 그런데 이런 생각 때문에 오히려 자신이 성장하고 있다는 사실을 잊어버린 것 같아요. 진작 독립적인 사고가 가능했지만, 스스로 내면의 소리를 무시해 버린 거죠."

Ch. 2_ 감정은 포용이 필요하다

나와 그녀는 새로운 생각을 천천히 소화해 나갔다.

그리고 얼마 뒤, 그녀가 큰 깨달음을 얻은 표정으로 인정하며 말했다.

"맞아요. 엄마의 사랑은 제겐 일종의 구속이었어요. 저는 이제 구속받고 싶지 않아요. 그런데 엄마는 절대 안 바뀌실 거예요. 이렇게 계속 참고 지내면 우울증이 더 심해질까요?"

"어머니는 바꿀 생각이 없으실지도 몰라요. 그런데 본인 스스로는 바뀌셔야죠. 다음번에 어머니와 통화하다가 숨이 막히고 죄책감이 느껴지고 감정 소모가 심해지면 이렇게 말해 보세요. '내 잘못이 아니다'라고요."

"내 잘못이 아니다? 내 잘못이 아니면, 그럼 엄마 잘못이란 말씀인가요? 엄마가 저를 사랑하는 방식이 잘못된 건가요?"

"통제 욕구가 강한 어머니가 꽤 계세요. 중국 전통문화가 가족 중시 사상이 과하다 보니, 가족 간의 경계가 모호해지는 경향이 있다는 것도 심리학적으로 증명되었어요. 즉, 중국 어머니들의 통제 욕구와 간섭 욕구가 더 심하다는 뜻이죠.[4] 그러니 어머니께서도 이게 잘못이라고는 한 번도 생각 안 해 보셨을 거예요. '하늘 아래 자식 못 되라는 부모는 없다' 이게 우리 문화가 숭배하는 사상이죠. 그런데 자식이 잘못되라는 부모는 없다는 게, 부모님이 사랑을 주는 방식이 무조건 옳다는 의미는 아니에요. 그 방식이 옳은지 그른지는 자녀가 느끼는 내면의 감정이 알려줄 테죠. 또 어머니의 사랑이 본인에게 맞지 않는다고 무조건 탓만 할 게 아니라, 어머니도 제한된 환경에서 성장하셨다는 걸 염두에 두시고 어머니의 마음도 한번 살펴보셨으면 좋겠어요. 내담자님께 엄격하게 대할 때조차 어머니는 자신을 내려놓지 못했을 가능성이 있으니까요."

어머니의 사랑은 길고 긴 그림자처럼 딸의 뒤를 항상 따라다녔다. 진정한 자신을 찾고 싶다면 이 그림자가 자신의 성장에 미친 영향을 직시하고 이해한 다음, 그 가운데에서 내면이 더 편할 방법을 찾아내야 한다.

마지막 상담에서 그녀가 내게 말했다.

"엄마와 새로운 관계를 맺어보려고요. 이번에는 마음으로 엄마를 마주할 거예요. 엄마를 바꿀 수는 없을지 몰라도, 제가 어떤 엄마가 되고 싶은지는 알게 되었으니까요."

Ch. 2_ 감정은 포용이 필요하다

● 마음 성장의 시차에 적응할 수 있어야 합니다. 이 사례와 비슷한 경험을 한 가정이 많으리라 생각합니다. 최근 해외 유학을 떠나는 아이들이 증가하고 있죠. 그런데 부모님은 자녀에게 하늘을 날 수 있는 날개를 달아주면서도 비행 방향만은 끝내 제한을 두고 말죠. 자녀가 독립을 시작하면 부모님들은 '이제 다 컸다고 말을 안 듣는구나.'라고 생각하실 수도 있습니다. 그렇지만 자녀도 독립적으로 사고하는 능력이 있습니다. 그래서 부모의 뜻을 무조건 따르지 않고, 자기감정과 자기 의견을 더 존중하려고 하죠. 이런 현상은 사랑의 시차 때문에 발생합니다. 자녀는 성장 중이지만, 부모님은 이미 성장을 마친 상태니까요.

● 갈등이 생기면 포용적인 태도로 더 많이 소통하려 노력하세요. 가정에서 갈등과 분쟁이 생겼을 때 무조건 피하기만 하면 무력감이 생기고 우울증으로 발전할 수 있습니다. 이해심을 가지고 소통하려는 태도로 서로를 이해하려 노력하는 것이 가장 중요합니다.

● 나와 다른 의견을 인정하세요. 건강한 관계는 다른 의견을 인정하기 때문에 누군가의 희생이나 죄책감이 필요 없습니다. 좋은 관계의 바탕은 두 세대가 함께 공영공생하는 것이랍니다. 사랑은 구속이 아니라 서로를 날게 해 주는 용기라는 걸 잊지 마세요.

CHAPTER

3

스스로
든든한 버팀목
되기

자신의 존재를 부정하는 여성

자신을 포기하지 않은 당신,
감사합니다

10월의 런던, 높은 하늘과 시원하게 부는 바람이 마음도 즐겁게 만드는 계절이 되었다. 어느덧 시간이 흘러 흐리고 비 오는 날이 잦아지고 저녁 6시만 되어도 밖이 컴컴해지기 시작했다. 상담실에는 특별한 성수기가 따로 없지만, 크리스마스 전후 한두 달은 상대적으로 내담자가 많아지는 시기다.

서양 문화에서 크리스마스는 가족이 함께 모이는 날이지만, 이런 모임이 '시험장'이 되는 사람과 가족도 있다. 가족 모임을 서로의 포옹, 맛있는 요리, 가족의 따뜻함으로 느끼는 가정이 있는가 하면, 부득이하게 참가해야 하는 전쟁터라고 생각하는 가정도 있을 것이다. 원가족에게 치유되기 어려운 상처를 받아 외상 후

스트레스를 겪고 있는 누군가는 이런 만남으로 내면의 상처가 재발할 수도 있다.

상담실에 도착해서 살펴본 스케줄표는 예상대로 빈틈없이 꽉 차 있었고, 심지어 저녁 6시에 예약한 신규 내담자도 있었다. '7시에 퇴근하면 너무 깜깜한데.' 속으로 구시렁거리는 것도 잠시, 오늘의 첫 커피를 한 모금 마시고 업무에 몰두했다.

신규 내담자는 6시가 되기 전에 대기실에 도착했다. 기다리는 와중에도 심각한 표정으로 노트북으로 일을 하는 모습이 영락없는 커리어 우먼 같아 보였다. 내가 호명하자 그녀는 하던 일을 금세 정리하고 상담실로 들어와 맞은편에 앉았다. 신규 내담자가 오면 가장 먼저 비밀 유지 서약서를 낭독하는 것이 관례였지만, 그녀는 내가 서약서를 읽기도 전에 울음을 터트렸다.

조용히 티슈를 건네자 "감사합니다."라는 코맹맹이 소리가 들렸다.

나는 조용히 기다렸다. 30초나 지났을까, 그녀가 마침내 울음을 멈추고 나를 보며 말했다.

"죄송합니다."

"상담실 안에서는 감정 컨트롤이 잘 안되니 울음이 터져도 괜찮아요. 전혀 미안해하실 필요 없어요. 밖에서부터 많이 참으셨을 거잖아요."

이 말을 들은 그녀는 또 눈물을 흘렸다. 상담실에서 일하며 오늘의 내담자처럼 감정을 밖으로 꺼내지 못하고 꾹꾹 억눌러오다가 더 이상 견디지 못하고 심리상담사의 도움을 청하러 오는 사람을 많이 보았다.

맞은편에 앉은 그녀가 겨우 진정을 되찾았다. 나는 비밀 유지 서약서를 설명하고 정식으로 상담을 시작했다.

"사실 줄곧 상담을 받아보고 싶었는데 코로나19 때문에 어떻게 할 수가 없었어요. 재택근무를 한 지도 벌써 반년이 됐어요. 덕분에 상담을 받아야겠다는 생각이 더 굳어졌고, 팬데믹이 해제되자마자 박사님을 뵈러 왔어요. 너무 외로웠거든요!"

그녀는 말을 마치자 또 훌쩍거리기 시작했다.

"호텔 체인 50군데 정도를 관리하고 있어서 팬데믹 전에는 거의 1년 내내 출장을 다녔어요. 그때는 일이 워낙 바빠서 뭐가 잘못됐는지도 몰랐죠. 그런데 재택근무를 하다 보니 어쩔 수 없이 저 자신을 마주하고 생활을 뒤돌아보게 되더라고요. 그러다 문득 성공적인 커리어는 쌓았지만, 같이 수다 떨 진짜 친구 한 명 없고, 의지할 만한 배우자도 가족도 없다는 생각이 급습했어요. 심지어 이번 새해는 혼자 보내야 했고요. 창밖으로 불빛은 화려하게 빛나는데 저만 혼자 있는 모습이 너무 처량하더라고요. 제겐 아무런 즐거움도 기대도 없으니까요! 올해 벌써 쉰두 살에, 회사 생활만 35년째인데도 이제 막 입학한 초등학생처럼 사회생활에 대해서는 아무것도 모르고 있었어요. 어떻게 이렇게 살아왔을까요? 박사님이 보시기에도 제가 너무 한심하죠?"

그녀가 눈시울이 붉어진 채로 내게 물었다.

"무슨 말씀이세요. 외로움은 힘들죠. 팬데믹 동안 겪은 외로움은 더 고통스러우셨을 거예요. 지금까지 버티신 것만으로도 정말 대단하세요. 하나도 한심하지 않아요. 그런데 잘 '참는다'라고 말씀하셨잖아요, 다른 힘든 일도 많이 참아오셨던 건가요?"

이어진 상담에서 나는 그녀와 함께 과거를 회상했다. 역시나 힘겨운 인내의 시간을 보낸 그녀였다.

잠시 쉬어 가세요, 런던의 심리상담실

"생후 7개월 때 어머니가 돌아가셨어요. 아버지가 저를 귀찮게 여기자 할아버지가 옆에 작은 집을 구해 저를 키우셨죠. 다섯 살이 되던 해에 아버지는 아이 셋 딸린 새어머니와 재혼하셨어요. 두 분의 결혼식 날이 아직도 생생하게 기억나요. 하객이 모두 돌아가고 일찌감치 취하신 아버지는 저의 존재를 까맣게 잊어버렸고, 새어머니는 친자식들을 챙기느라 여념이 없으셨죠. 식이 다 끝난 다음 새어머니가 저를 보시더니 냉랭하게 말씀하셨어요. 할아버지께 돌아가라고요. 그때 느꼈죠. 아, 나는 이 집에서 버려진 사람이구나…."

"그렇게 어릴 때 어머니를 여의었으니 정말 힘드셨겠어요. 새어머니가 선생님을 대할 때의 눈빛을 보면 어떤 느낌이 드셨나요?"

흐느끼던 그녀의 울음소리가 더 커지기 시작했다.

"제가 너무 쓸모없는 존재 같았어요. 차라리 태어나지 않았으면 좋았을 텐데…."

"태어나셔서 다행이에요. 지금까지 버티신 것도 너무 잘하셨고요. 아니면 오늘처럼 강인하고 인내심 많고 성공한 선생님은 없었을 테니까요. 힘겨운 성장 환경을 헤쳐오셨다는 걸 충분히 알겠어요. 기억을 되짚다 보면 새로운 고통이 찾아올지도 몰라요. 그래도 상담이 많은 도움이 될 테니 제게 더 많은 이야기를 들려주시겠어요? 제가 함께 있을게요. 바로 여기서요."

나는 티슈를 건네며 진심으로 말했다. 그녀가 고개를 끄덕이며 말했다.

"박사님을 믿어요. 크리스마스가 왜 가장 고통스러운지 아세요? 제일 한이 맺혔던 날이어서 그래요. 크리스마스가 되면 무조건 아버지와 새어머니 가족을 만나야 했어요. 저는 그들을 위해 음식을 준비하고, 최대한 빨리 먹은 다음 식사가 끝나기를 기다렸다가 식탁 위의 빈 그릇을 정리하죠. 1년에 딱 한 번, 그때만 아버지와 새어머니는 '매번 이렇게 챙겨주니 고맙구나.'라고 말씀하시고요. 크리스마스이브에는 자기들끼리 크리스마스트리 밑에 사이좋게 모여 앉아서 선물을 뜯어요. 이건 너무 불공평하잖아요! 그래서 전 16세가 되자마자 집을 나왔어요. 마침 그해에 할아버지가 돌아가셔서 마지막으로 남았던 가족의 정이 싹 다 사라져 버렸거든요."

"그럼 그런 감정을 아버지나 새어머니에게 말씀드린 적이 있나요?"

그녀의 얼굴에 금세 냉소와 단호함이 드러났다.

"절대요! 제 약한 모습은 결코 보여주지 않을 거예요. 제 머릿속엔 감정 따위는 가슴에 묻고 이 집을 떠나야 한다는 생각밖에 없었어요."

"그럼, 집을 나온 후에는요? 다른 사람과 본인 내면의 이야기를 나눈 적이 있을까요? 아니면 자기감정을 직시하려 시도한 적은요?"

"생각해 보니 한 번도 없는 것 같아요. 집을 떠난 뒤에 바로 호텔 일을 시작했어요. 프론트 데스크 직원에서 매니저로 승진할 때까지 하루를 26시간처럼 쪼개 썼으니 그럴 생각을 할 시간도, 감정을 드러낼 기회도 없었죠. 제가 사내에서 유일한 여성 매니저였기에 더더욱 감정을 표현할 수 없었어요. 안 그러면 남자 동료들이 저를 어떻게 보겠어요?"

말을 마친 그녀가 또 한숨을 길게 내쉬었다. 정말 힘든 여정이었을 것이다.

"그러셨군요. 그렇게 오랫동안 상처를 억누르고 있었으니 한 번도 제대로 치료하지 않아, 염증이 계속해서 곪아온 거예요. 이 상처는 없어지지 않을 거예요. 때때로 마주 보고 싶지 않은 과거를 계속 상기시켰을 거고, 그렇게 세월이 지나는 동안 감정이 쌓여 우울증이 생겼을 거예요. 하지만 이제 억누르지 않아도 돼요."

과도한 인내와 감정 억제는 고통 앞에서 우리가 무의식적으로 발동하는 일종의 방어 기제다. 심리학자 지그문트 프로이트가 최초로 창안한 방어 기제 개념은 현대 심리학에 이르러 많은 연구와 업데이트를 거쳐 대략 10가지로 분류되었으며, 과도한 감정 억제 또한 그중 하나에 속한다.[42]

감정을 억제한다는 것은 과거와 화해했다는 의미가 아니며, 지나치게 강한 무의식의 방어 기제에 억눌린 감정은 오히려 우리의 행위와 타인과의 관계에 영향을 미친다.

그녀에게 말했다.

"일이라는 갑옷을 입었지만, 그 갑옷이 지나치게 꽉 조여졌어요. 계속 이런 상태로 있으면 다른 사람이 본인 마음에 어떻게 들어갈 수 있을까요? 이 문제에 답을 하기 어렵다면, 이렇게 여쭤볼까요? 누군가 마음의 문을 두드리면 어떤 생각이 가장 먼저 떠오르나요?"

잠시 깊은 생각에 잠겼던 그녀가 한숨을 쉬며 말했다.

"무슨 말씀인지 알겠어요. 스스로 마음의 문을 열지 않으면 다른 사람이 들어올 수 없다는 뜻이잖아요. 그런데 다른 사람이 문을 열려고 하면 저는 더 꽁꽁 감싸고 싶어져요. 누구에게도 다시는 버림받고 싶지 않으니까요."

지난 기억이 한꺼번에 밀려온 탓에 오래된 상처가 또다시 찢어지며 참혹한 모습을 드러냈다. 누가 겪어도 힘든 일이었기에 이번 상담은 아주 천천히 진행되었다.
첫 상담이 끝난 후 나는 그녀에게 말했다.

"줄곧 버림받았다고 생각하시지만, 다행히 스스로는 자신을 버린 적은 한 번도 없잖아요? 자신을 버렸다면 제 상담실에 안 오셨을 테니까요."

심리학 분야에 '버림받음의 덫'이라는 새로운 개념이 있다. 엄밀히 말하면 정신장애는 아니지만 '버림받은' 경험이 있는 사람들에게서 비교적 심각한 우울과 불안이 나타나는 증상이다. 이 증상을 가진 사람은 언제든지 버려질 수 있다는 두려움과 함께, 무의식적으로 자신이 뭔가를 제대로 하지 못해서 버려진 건 아닌지 걱정한다. 그래서 다양한 일, 특히 커리어에 막대한 에너지를 쏟아부으며 완벽을 추구하지만, 일상생활에서는 큰 외로움과 두려움을 느낀다.

'버림받는다는 감정'은 원가족에서의 성장 환경과 깊은 관련이 있다. 이 감정을 가진 사람은 성장 과정에서 부모(주 양육자)에게 오랜 기간 무시당하거나 사랑과 관심을 받지 못한 경우가 많다. 그래서 성인이 된 후에도 '버림받지 않으려면 꼭 필요한 사람이 되어야 한다'라는 생각을 떨쳐내지 못하고, 이번 사례의 내담자처럼 감정을 쏟았다가 버려지는 것이 두려워 일을 최우선 순위로 두는 것이다.

첫 상담이 끝나갈 무렵, 그녀가 결연한 표정으로 내게 말했다.

"다음에는 절대 울지 않을 거예요."

"제 상담실에선 아무 때나 우셔도 위로해 드릴 수 있어요. 티슈도 항상 준비되어 있고요."

그 뒤로 이어진 상담에서 나는 그녀와 이런 질문과 대답을 주고받았다.

"왜 우리는 일에는 그렇게 몰두하면서 자기의 감정은 소홀히 대하는 걸까요?"

"일은 저를 필요로 하기 때문인 것 같아요. 제겐 저를 필요로 하는 무언가가 절실하거든요."

"그렇다면 자기 자신은 필요 없나요? 동반자는요? 없어도 되나요?"

"저는 그저 버려지고 싶지 않을 뿐이에요. 최소한 일은 저를 버리지 않으니까요."

"일이 선생님을 버릴 권한이 있다고 생각하세요? 아니면 선생님 스스로 일에 많은 의미를 부여하고 버릴 권한을 준 건가요? 만약 일에 그런 권한이 없다면, 정말로 선생님을 버림받았다고 느끼게 하는 건 무엇인가요?"

어려운 질문이 연거푸 쏟아지자 그녀는 오래 고민하거나 한참을 눈물로 대신했다. 그렇지만 나는 이런 과정을 통해 그녀가 조금씩 갑옷을 벗고 있다는 것을 느낄 수 있었다.

상담을 진행하는 동안 그녀는 일과에 소규모 요가 수업을 추가하고, 회사에서 더 많은 직장 여성이 심리적 지원을 받기를 바라는 마음으로 여성 관리 직원을 위한 정신건강 지원 프로젝트를 기획했다. 또한 새로운 만남을 가지며 친구를 사귀기 위한 노력도 잊지 않았다.

상담은 슬슬 6회차로 접어들었고, 크리스마스도 성큼 다가왔다. 문득 그녀의 크리스마스 계획이 궁금해졌다.

"올해 크리스마스는 어떻게 보낼 계획이세요?"

"회사에 외국에서 온 관리자가 몇 있어요. 격리 때문에 귀국하기 어려운 친구들이라 집에 초대해서 같이 보내려고요. 그리고… 요즘에 만나는 사람이 생겨서 그분도 초대했어요. 참 따뜻하신 분 같아요."

"그래요? 정말 좋은 소식이네요. 그런데 그분이 선생님을 버릴까 봐 걱정되지 않으세요?"

"물론 아직은 무서워요. 그런데 이젠 제가 저를 버리지 않으면 아무도 저를 버릴 수 없다는 사실을 알았어요. 상대방이 떠나면 마음이 아프긴 하겠지만, 이젠 언제든 저 자신을 안아주며 아무 일 없을 거라고 스스로 위로해 줄 수 있어요."

어쩌면 우리는 모두 한때 버림받았던 적이 있을지도 모른다. 다른 사람을 따뜻하게 안아줄 수도 있겠지만, 자신을 먼저 안아주고 더 소중하게 여기는 선택지도 있다는 사실을 모두 기억했으면 좋겠다.

- 우리에겐 일도 물론 중요하지만, 사람과 사람 사이의 경계, 따뜻함, 그리고 올바른 교제가 더 필요합니다. 우리를 쉽게 평가하고 깎아내리는 사람을 멀리하는 대신 우리의 내면에 도움이 되고 따스함을 더해주는 사람을 곁에 두세요.

- 언제나 자기감정을 최우선 순위에 두어야 한다는 점을 반드시 명심하세요. 대인관계의 경계를 정확히 하고, 남의 만족이나 그들의 피드백을 크게 기대하지 말아야 합니다.

- 친한 인생 친구 한두 명을 사귀고, 신체에 유익한 취미를 가지세요. 단순해 보이겠지만 생각보다 실현하기 쉽지 않은 일이랍니다.

- 외롭다면 대화를 나누려고 노력해 보세요. 대화는 나를 돌보는 작은 방법이랍니다.

아름다움의 다리 위,
아슬아슬한 곡예

런던 북서부에 위치한 빈센트 스퀘어Vincent Square는 영국의 국가 의료시스템에서 가장 큰 규모와 전문성을 자랑하는 섭식 장애 치료센터다. 환자들은 증상에 따라 대기 순서를 부여받는다. 대기 기간이 무려 1년을 넘길 때도 있지만 환자들은 진료를 받기 위해 차분히 기다린다.

빈센트 스퀘어에 들어선 순간, 각오를 단단히 했음에도 생각보다 많은 인원에 놀라지 않을 수 없었다. 이곳의 환자 대부분은 자발적으로 진료를 받으러 왔지만, '강제 입원'한 경우도 있다. 이 환자들은 대체로 중증 병동 구역으로 안내된다.

이들이 '강제'로 입원하게 된 이유는 무엇일까? 영국 정신 건강법은 극도로 식사를 거부하고 체지방률이 15% 이하인 거식증 환자는 강제로 입원시킬 수 있도록 규정하고 있다. 섭식 장애는 다양한 정신장애 중에서도 치사율이 가장 높은 질환으로, 조기에 개입하지 않으면 사망률이 무려 20%에 달하기 때문이다.[43]

이곳의 섭식 장애 환자들은 다양한 양상을 보이는데, 거식증(식사량을 극도로 제한하여 '심각하게 자신을 해치는' 정도에 이르는 경우)뿐만 아니라, 폭식증과 구토증(폭식 이후 여러 방법을 사용하여 구토를 유발하거나, 설사약 등을 복용하여 배출하는 방식으로 신체에 심각한 무리를 주는 경우)도 있다.

나는 이곳에서 6개월간 근무하며 각종 원인으로 인해 섭식 장애를 겪고 있는 여러 환자를 만나보았다. 이 중 대부분은 26세 이하의 젊은 여성이었고, 청소년기의 남자아이도 더러 있었다. 섭식 장애를 유발하는 가장 중요한 세 가지 원인으로는 유전, 환경적 영향(주류 미디어에서 강요된 미적 기준), 그리고 기타 정신적 질환을 꼽을 수 있다.

그렇다면 청소년 발병률이 상대적으로 높은 이유는 무엇일까? 이 시기의 청소년은 신체적 변화를 겪는 것은 물론, 부모의 보호에서 벗어나 독립을 향해 발을 내디뎌야 한다. 그와 동시에 친구 관계에서 오는 사회적 스트레스와 학업 스트레스 등이 자신을 통제할 수 없을 만큼 한꺼번에 덮친다. 그런 아이가 그나마 스스로 할 수 있는 선택이 오늘 무엇을 먹을지, 혹은 안 먹을지를 결정하는 일이다.

빈센트 스퀘어 화장실 곳곳에서는 구토의 흔적을 쉽게 찾아볼 수 있다. 거식증 탓에 비위관(약물이나 영양 투여를 위한 콧줄)으로 매일 3,000칼로리의 '영양식'을 강제 섭취 당하는 사람, 의료진의 지시에 따라 식단을 엄격히 지키지만 체중이 점점 줄어드는 사람, 구토로 인해 얼굴이 장기간 부어 있는 사람까지. 이들은 매일 고통받고 있었다. 이렇게 가까이에서 그들의 고통을 지켜보자니, 나는 이런 문제가 도대체 어디서부터 왜 생겼는지 알아보지 않을 수 없었다.

그날도 런던에서 보내는 12월의 평범한 하루였다. 나는 평소처럼 진료를 시작했다.

한 모녀가 진작부터 대기실에서 나를 기다리고 있었다. 어머니는 조금 마른 체형이었지만 세련된 옷차림이었고, 옆에 4살 정도로 보이는 딸아이가 앉아 있었다. 엄마가 초콜릿을 주자, 아이는 이를 거절했다.

"와, 초콜릿을 거부하는 아이는 처음인데요?"

나는 슬쩍 차트를 살펴보았다. 차트 상단에 아이의 이름과 나이가 적혀있었다. 그런데 너무 왜소해서 영양실조처럼 보이는 아이는 벌써 6살이었다!

나는 관례에 따라 먼저 병인病因, 발병 시기 및 진료 목적을 차례로 물었다. 아이의 엄마는 아이가 밥을 제대로 안 먹은 지 벌써 한 달 가까이 되었다며 난처한 듯 말했다. 특히 최근 일주일 동안은 구토를 하려는 시도까지 했는데, 그나마 자기가 제때 발견한 데다 어려서 실제로 행동으로 옮기지는 못했다고 전했다.

그래서 나는 아이에게 물었다.

"왜 밥을 안 먹는지 말해줄 수 있니? 맛이 없어?"

파란 눈의 작은 인형 같은 아이가 앳된 목소리로 단호하게 말했다.

"뚱뚱해지기 싫으니까요. 엄마도 뚱뚱해지는 걸 싫어해요. 엄마는 매일 밥 먹고 나면 화장실에 가서 토해요. 물 내리는 소리가 자주 들리거든요."

얼굴색이 창백해진 엄마가 황급히 해명했다.

"그건…. 엄마는 그냥….”

그 순간 나와 아이의 엄마는 아이가 음식을 거부하고 구토를 하는 진짜 이유를 알게 되었다. 치료가 필요한 사람은 아이만이 아닌 듯 보였다.

첫 진료가 끝난 후, 아이의 엄마도 함께 치료를 받기로 했다. 그리고 상담을 하면서 나는 그녀가 청소년기에 뚱뚱하다는 이유로 친구들에게 따돌림을 당했다는 사실을 알게 되었다. 오랜 시간 음식을 절제하고 구토를 하면서 마른 몸매를 가지게 되었지만, 그녀의 자아 속에는 여전히 뚱뚱한 과거의 자신이 살고 있었다.

특히 임신하게 되자 이로 인한 몸의 변화를 받아들이지 못했다. 더욱이 당시 주류 미디어는 ‘출산 후, 한 달 만에 몸매 원상복귀’ 또는 ‘출산 후에도 변함없는 몸매’ 등의 이미지를 한창 전파하고 있었다. 이로 인해 그녀는 임신 기간 내내 몸매가 망가질까 봐 불안에 시달렸고, 결국 아이를 낳자마자 과도한 다이어트에 돌입하며 구토를 시작한 것이었다.

섭식 장애 치료 과정에서 가장 중요한 부분 중 하나는, 내담자가 자신의 몸을 새롭게 인식하고 받아들이며 사랑하게 만드는 것이다. 이를 위한 치료 방법의 하나는 뚱뚱한 몸매, 정상 몸매, 조금 마른 몸매의 세 가지 이미지 사진을 놓고 내담자에게 자신의 체형과 비교하게끔 하는 것이다. 그녀는 일말의 고민도 없이 뚱뚱한 체형을 자신의 몸매라고 골랐다. 하지만 실제로 상담 때마다 측정한 그녀의 체중은 46kg 정도로, 172cm의 신장에 체지방률 15%에 불과한 '종잇장' 같은 몸매였다. 그녀는 섭식 장애 환자가 자기 몸을 얼마나 심각하게 왜곡해서 인지하고 있는지를 보여주었다.

나는 그녀를 보며 말했다.

"엄격한 잣대로 자신을 평가하면서 실제로 선생님이 보고 있던 건 뚱뚱해서 따돌림당하던 과거의 어린아이였어요. 더는 자신을 가혹하게 대할 필요가 없어요."

그녀는 눈물을 흘렸다.

"제가 아직도 과거에 갇혀 있는지 몰랐어요. 저 자신에게 가혹했던 게 딸에게까지 영향을 미칠 줄도 몰랐고요."
"그러셨을 거예요. 그래도 이제 따님과 함께 변할 수 있잖아요. 자신을 사랑하는 건 매일 한 끼의 식사에서부터 시작된다는 걸 행동으로 보여주세요."

이렇듯 자기 몸에 대한 왜곡된 인식을 교정하는 것이 섭식 장애 치료의 첫 단계이며, 내담자와 음식 사이의 건강한 관계를 다시 쌓는 것이 두 번째 단계다.

음식은 우리의 적이 아니다. 자기가 좋아하는 음식을 통제할수록 폭식이나 구토를 포함한 부정적인 행동으로 되돌아올 가능성이 커지고, 결국 섭식 장애로 이어질 수 있다.
그밖에, 사람들은 기분이 울적할 때 보통 달콤한 음식으로 자신을 위로하는데, 이는 생리심리학적으로 이미 증명된 인간의 가장 기본적인 본능에 속한다.[44] 그렇기에 이 본능에서 벗어나려면 자기 내면의 감정을 더 잘 이해하고 받아들여야 하며, 음식 외의 것으로 자신의 슬픈 마음을 달래는 방법을 찾는 것이 중요하다.

특히 내담자가 내면에서부터 외면까지 자신의 모든 면을 받아들이도록 이끄는 것은 가장 중요하고도 어려운 과정이다. 우리의 가치는 패션 잡지나 SNS, 또는 타인에 의해 정의되지 않는다. 이때 주변 사람들의 긍정과 도움도 매우 중요한데, 나는 과도한 SNS를 자제하고, 현실의 삶을 살라는 조언을 해 주고 싶다. 일상에 최선을 다하다 보면, 체중과 외모 외에도 아름다운 경험이 내 삶을 기다리고 있다는 사실을 깨닫게 될 것이다.

일정 기간 치료를 받으면서 두 모녀의 증상은 많이 완화되었다. 하지만 진짜 도전은 상담 치료가 끝나면서부터 시작된다. 주변 사람들이 여전히 '마른 몸매'를 미의 기준으로 지적하는 한, 섭식 장애의 근본적인 원인이 근절되기 어렵기 때문이다.

인터넷에서 한때 유행했던 'A4 사이즈 허리(A4 용지의 세로 길이로 허리가 다 감싸지는 사이즈)', '쇄골에 동전 올리기' 등 재미를 추구하는 숏폼 콘텐츠도 섭식 장애를 부추기는 요인 중 하나다. '흰 피부의 베이글녀', '소녀미'와 같은 천편일률적인 미의 기준은 몸매 불안을 야기하고, 젊은 층의 높은 섭식 장애를 유발한다. 문제는 우울증의 치사율이 1.3%인 데 반해 섭식 장애의 치사율은 무려 20%에 달한다는 사실이다.

우리는 모두 자신만의 모습을 가지고 이 세상에 태어난다. 건강을 위해 몸과 체형을 유지하는 것은 자신에 대한 배려이자 관심이지만, 이로 인해 불안해하고 섭식 장애에 걸리면 얻는 것보다 잃는 게 훨씬 많아진다. 어떤 미래를 꿈꾸던, 건강한 몸이 가장 중요하다는 점을 명심하기 바란다.

섭식 장애에 관한 이야기는 여기까지지만, 이쯤에서 한 가지 질문을 던지고 싶다.

'몸매와 행복은 정말 관련이 있을까?' 표지모델 56명과 일반인 여성 56명을 모집해, 이들이 느끼는 즐거움과 만족감을 비교하는 심리학 연구가 있었다. 그 결과, 우리가 외적으로 '선망'하는 모델들이 일반 여성보다 심리 문제를 겪고 있을 확률이 더 높으며, 자존감 또한 더 낮았다. 왜일까? 아름답다는 칭찬을 자주 듣는 모델들은 외부 피드백에 더 의존하는 습관이 형성된 탓에 자신을 긍정하는 마음과 올바른 가치관을 확립하는 데 소홀했기 때문이다.

이 연구와 관련하여 나는 출중한 외모를 가진 모델 친구를 직접 인터뷰해 보았다. 결과는 위의 연구와 완벽하게 동일했다. 이들은 일반인 못지않은 외모 불안을 느끼거나, 오히려 자신에 대한 요구치가 더 높은 것으로 나타났다.

그런데도 일반인인 우리가 주류 미디어 속 '모델' 또는 '아이돌'을 기준으로 자신을 더 불안하게 만들 필요가 있을까?

Dr. Yin의 심리상담 TIP이 몸매 불안에서 멀어지는 데 도움이 되기를 바란다.

● 몸매 때문에 불안하다면 잠시 걱정을 멈추고 이렇게 생각해 보세요. '외모와 몸매 외에 내게 어떤 장점이 있지?' 생각한 장점을 하나씩 나열하여 적은 다음, 자신을 칭찬해 주세요. 당신의 몸은 이미 당신과 함께 여러 가지 삶의 스트레스를 겪고 있어요. 그런 몸은 내면과 마찬가지로 당신에게 유일하며, 보호받아 마땅한 가치가 있는 존재입니다.

● 비교는 줄이고 운동을 늘려 삶의 활력을 유지하세요.

● 위의 두 가지를 다 못 해도 상관없어요. 적어도 자기 몸을 아끼는 것이 장기간 고민하고 대면해야 하는 평생의 과제라는 사실을 알게 되었으니까요.

감정적 경계심으로 폐쇄적 삶을 사는 남성

안전한 삶은
존재하지 않는다

코로나19가 발생한 뒤 우리는 많은 일을 겪었다. 그래서 "내일, 그리고 돌발 상황 중 어떤 일이 먼저 생길지 모른다."라는 말이 가깝게 느껴질 것이다.

이렇듯 외부의 불확실성이 증가하면서 우리 내면의 불확실성도 함께 증폭되었다. 반대로 안전감은 희박해진 까닭에 사람들은 소유하는 데 더 집착하게 되었다. 사람들은 불확실성에 대응하는 방법으로 '돈'을 꼽았는데, 경제적으로 여유가 있으면 더 많은 확실성과 안전감을 가질 수 있다고 생각하기 때문이다.

그런데 정말로 그럴까? 이 질문에 나는 한 내담자를 떠올렸다.

평범한 날이었다. 상담실 앞에 주차된 링컨 리무진 한 대가 보였고, 경호원 두 명이 차 앞을 지키고 서 있었다. 아무래도 금싸라기 땅으로 유명한 런던의 할리가^{Harley Street}에서 고가의 상담비를 받는 상담실이다 보니, 내담자 대부분이 부유하거나 지위가 높았다. 그런데도 이런 장면을 본 건 손에 꼽을 정도였다. 나는 농담 삼아 비서에게 물었다.

"오늘 무슨 공주님이나 왕자님이라도 오시나 봐요?"
"9시에 예약된 박사님 내담자이신데요? 차에서 기다리고 계세요. 박사님 준비가 끝나면 가서 말씀드려야 해요."

내가 준비되어야 올라온다니, 상담 전부터 피곤함이 몰려왔다. 서른도 안 되어 보이는 내담자는 거만한 태도로 턱을 올리고 내게 물었다.

"내가 누군지 아십니까?"
"알죠. 오늘 폐소공포증 때문에 상담받으러 오신 환자분이시잖아요."

그랬다. 그가 누구든, 내 진료실에 들어온 순간은 누구나 동일한 신분을 가진다. 바로 내 환자라는 것.

내 반응이 자신의 예상을 빗나갔던지, 그는 더 이상의 '거만한' 연기는 어렵겠다는 듯 나를 매섭게 바라보며 말했다.

"비밀 보장은 확실한 거죠? 저에 관한 부정적인 기사가 하나라도 나가선 안 됩니다."

"첫째, 비밀 유지는 저희 직업 수칙 중 하나입니다. 심리상담사라는 직업을 가진 사람은 직업 수칙을 철저히 지키죠. 둘째, 정신적인 문제가 왜 부정적인 기사가 되는지 모르겠지만, 환자분의 견해를 존중하죠. 그럼, 오늘 어떻게 제 진료실까지 오시게 된 건지 이야기를 나눠볼 수 있을까요?"

내게 돌아온 것은 침묵과 무형의 반항이었으나 동시에 내담자의 갈등이 느껴지기도 했다. 그의 거만한 태도 속에는 '강함'에 대한 열망이 숨어있었고, 폐소공포증은 그가 생각하는 공개하고 싶지 않은 약점이었다. 나는 그와 함께 침묵을 지켰다. 한참이 흐른 뒤 그가 중얼거리며 한 마디를 뱉었다.

"엘리베이터를 탈 수 없어요. 협소한 공간에 가면 공포스럽고, 어지럽고, 심장박동이 빨라져서 도저히 가만히 있을 수가 없어요. 기절한 적도 있을 정도예요."

폐소공포증은 불안증에 속한다. 내가 물었다.

"이런 증상이 언제부터 시작되었나요? 아버지가 큰 성공을 이루신 것 같던데, 혹시 아버지의 성공과 환자분의 불안이 어떤 관련이 있을까요?"

그러자 그가 의자에서 벌떡 일어나며 소리쳤다.

"무슨 말입니까? 제겐 능력이 없다는 거예요? 제가 아버지의 사업을 물려받을 자격도 없는데, 분수에 맞지 않는 자리에 앉았다고 생각하는 겁니까?"

'방어 기제가 아주 강하군.' 나는 속으로 생각했다.
심리상담 중, 상대방이 어떤 질문에 유난히 거부감을 보인다면, 일반적으로 그것이 문제의 핵심인 경우가 많다.[45]
내가 위로하듯 말했다.

"절대 의심하지 않아요. 제가 관심 있는 건, 그 증상이 어떻게 야기되었냐는 거죠. 그런데 이렇게 격렬하게 반응하는 걸 보니, 본인에게 아주 자신 있는 건 아닌 것 같은데요?"

내 말을 들은 그는 풀죽은 모습으로 다시 의자에 앉았다.

"저 자신을 계속 의심하는 게 너무 힘들어요. 사람들은 제가 '복권'에 당첨된 금수저라고 생각합니다. 그런데 저는 제가 얼마나 힘든지 알아요. 아버지는 몹시 바쁜 데다 저에 대한 기대치도 높으세요. 저를 만날 때면 항상 아직 제 깜냥이 안 된다고 트집을 잡고, 주위 사람 모두 제 돈을 보고 접근한 것이니 아무도 믿지 말라는 조언도 하시죠. 저는 돈 말고는 내세울 게 아무것도 없는 사람 같아요. 솔직하게 말씀드리면, 출근하면 항상 사람들에 둘러싸여 있지만 제대로 마음을 나눌만한 친구는 하나도 없어요. 다들 저를 띄워주지만 그게 다 가식적으로만 느껴지고요."

그의 이야기를 들으니 미국의 유명한 사회심리학자 매슬로우Maslow가 떠올랐다. 그는 인간의 욕구를 다섯 단계로 구분했다.[46] 그에 따르면 생리적 욕구가 첫 번째이고, 안정적인 소득과 고정적인 거주지, 개인과 가족의 건강을 포함한 안전에 관한 욕구가 두 번째다. 금수저를 물고 태어난 그에게는 이 두 가지 욕구는 채워졌다. 문제는 세 번째 욕구였다.

세 번째는 사회적 필요인데, 친구나 가족에게서 사랑으로 이해받고 수용되는 느낌을 포함한 심리적 귀속감을 뜻한다. 다시 말해 사회적 지위가 아무리 높고 재산이 많아도 감정적인 교류와 진심 어린 반응이 필요하다는 뜻이다.

"진실한 감정 교류를 원하시는 건가요?"

"어쩌면요. 그런데 지금은 제 경계심이 너무 높아서 스스로 뭘 원하는지, 뭘 좋아하는지 잘 모르겠어요."

"어쩌면 그게 제일 큰 문제일 수 있어요. 감정적인 상호 교류를 원하는데 경계심이 높아서 손을 내밀지 않으려고 하죠. 그래서 모든 관계가 본인에게는 일종의 거래가 되고요. 안 그런가요? 감정의 교류는 사랑이든 우정이든 쌍방 간에 일어나야 하죠. 돈으로 감정을 살 수 있다고 생각한다면, 지금까지 만난 사람들은 기꺼이 '감정'을 팔려는 사람들이었을 거예요."

그는 묵묵히 나의 분석을 듣고 있었다.

"항상 무리에 둘러싸여 있지만, 또 그와 동시에 이 사람들이 진심으로 자신을 대하는지 의심하잖아요? 스트레스가 지나치게 심해지면 폐쇄된 공간에서 산소가 부족한 것처럼 느낄 수도 있어요. 지금 겪는 폐소공포증도 이렇게 생겼을 거예요. 속으로 정말 두려워하는 건 사실 본인이 다 말했잖아요. 재산 외에 아무런 쓸모가 없는 것 같다고."

처음이자 마지막이었던 그와의 상담은 이렇게 끝이 났다. 그렇다. 그는 여태까지 한 번도 다시 돌아오지 않았다. 상담하다 보면 이런 상황도 적지 않게 겪는다. 본인이 아직 마음의 소리를 들려줄 준비가 되지 않았다면 상담사가 아무리 노력해도 소용이 없다.

아무리 훌륭한 심리학자라도 길을 밝혀주는 가로등만 줄 수 있을 뿐 처음부터 끝까지 길은 스스로 걸어야 하기 때문이다.

지금까지 근무하는 동안 나는 세속적인 의미에서 성공하고 부유해진 사람을 많이 만나보았다. 그런데 내가 이런 사례 속에서 깨달은 점은 바로 돈이 반드시 확실성, 즉 우리가 흔히 말하는 안전감을 가져다주지는 않는다는 것이다.

그렇다면 우리가 안전감이 부족하다고 느끼는 진짜 이유는 무엇일까? 답은 아주 간단하다. 바로 '두려움' 때문이다. 외부의 불확실한 요소가 두려운데 제대로 대응하지 못할까 봐, 혼자 싸워야 할까 봐, 발밑에 함정이 파여있을 봐, 넘어졌는데 다시 일어서지 못할까 봐 두려운 것이다.

두려움에는 확실히 강력한 힘이 있어 항상 우리를 조심하게 만든다. 아무리 부유하고 외모가 뛰어나도, 아무리 천부적인 재능이 있고 사랑하는 사람이 곁에 있어도 우리 내면의 두려움은 절대 줄어들지 않는다. 두려움의 이면에는 자신에 대한 깊은 불신이 깔려있기 때문이다. 자기 능력을 확신하지 못하면 자신을 지키기 위해 어쩔 수 없이 속마음을 감추게 된다. 하지만 우리의 마음을 열지 않으면 감정적인 상호 교류를 할 수 없고, 안전감을 가질 수도 없으며, 아무리 사람들 사이에서 생활해도 외딴섬처럼 고립되었다고 느낄 수밖에 없다.

삶에는 수없이 많은 다양한 일이 일어나고, 그 속에는 분명 우리가 통제하지 못하는 상황도 존재한다. 우리는 다른 사람의 평가를 통제할 수 없고, 실패를 통제할 수도 없다. 통제할 수 없는 상황에서 모든 것을 통제하고자 하면, 두려움에 결국 자신만 지쳐가게 된다.

자신이 만든 감옥에서 스스로 나오지 않으면 아무도 나를 도와줄 수가 없다.

미국의 시각장애인 작가 헬렌 켈러Helen Keller는 어린 시절 시력을 잃었다. 그녀에게 세상은 온통 어둠이었으니 얼마나 긴장되고 두려웠을지 상상조차 하기 어렵다. 그러나 그녀는 이렇게 말했다.

"사람들이 말하는 안전감은 사실 미신의 일종입니다. 안전감이란 자연환경에 존재하지 않기 때문입니다. 위험을 피하는 건 장기적으로 볼 때 더 위험할 수 있습니다. 인생은 모험이고, 용감하게 도전에 직면해야 더 자유로워질 수 있습니다."[47]

자기 불신은 안전감이 결여되는 가장 큰 원인이다.

그렇다면 내면을 더 강하게 만들기 위해선 어떻게 해야 할까? Dr. Yin의 심리상담 TIP이 내면을 단단하게 만드는 데 도움이 될 것이다.

- 안전감이 결여되었다고 느낀다면 가장 먼저 자아를 인식함으로써 이런 감정을 두려워하는 이유를 진지하게 생각하고 원인을 찾아야 합니다. 사람은 누구나 미지의 세계나 통제할 수 없는 상황을 두려워합니다. 그러나 본능과 실제 생활 환경은 큰 차이가 있기 마련이죠. 정말 그렇게 두려워할 필요가 있을까요? 혹시 '미지의 불확실성'에 대해 과민 반응을 보이는 건 아닐까요? 혹시 원가족과의 성장 환경이 자신감 결여로 이어진 건 아닐까요? 혹시 자신을 제대로 위로해 줄 어떤 심리적 기능이 결핍된 것은 아닐까요? 위로를 받은 내면만이 도전을 더 명확하게 바라볼 수 있습니다. 그런 의미에서 불안감은 자신을 재정비할 좋은 기회가 되기도 합니다. 두려워하는 이유를 알아야만 자신에 대한 믿음도 하나씩 다시 쌓아 올릴 수 있으니까요.

- 성장에는 인내심이 필요합니다. 새로운 기술을 배우다 보면 좌절감을 피하기 어렵죠. 심리적인 성장도 마찬가지입니다. 불안감을 한 번에 극복하려는 기대는 내려놓으세요. 불안감을 극복하는 것은 점진적이고 순차적인 과정이자, 성장의 과정입니다. 약점에 치중한 자기 비하 대신 자신의 장점에 더 주목해 보세요.

가정 폭력으로 삶의 의미를 잃은 여성

아무리 어려워도,
자신의 주인 되기

'띠링.' 이메일 수신 알림이 떴다. 이미 종일 일을 하고 난 뒤라 조금 귀찮았지만 하는 수 없이 메일함을 열었다. 메일함에는 뜻밖에도 예전 내담자의 메일이 도착해 있었다.

"박사님, 박사님이 제 삶을 구해주셨어요. 36살에 대학 입학의 꿈을 이룰 거라고는 상상도 못 했었거든요. 박사님이 없었다면 지금의 저는 없었을 거예요."

그리고 첨부파일에 대학 입학 통지서가 함께 동봉되었다.

이 편지 덕분에 나는 8개월 전 기억을 더듬기 시작했다. 그녀를 처음 만난 날이 또렷이 기억났다. 내가 상담실에 도착했을 때, 그녀는 상담사를 바꿔 달라며 프론트 데스크에서 한참 실랑이를 벌이고 있었다.

그녀는 기존 상담사가 자신의 인종과 문화를 이해하지 못한다는 이유를 들었다. 프론트 데스크 직원은 마침 홀을 지나던 나를 보자 도와달라는 눈빛을 보냈다.

"여기 상담사님께서 중국에서 오신 분인데, 괜찮으시겠어요?"

그녀는 나를 위아래로 한번 훑어보고선 답했다.

"한번 만나보죠."

그때 나는 내가 진열대에 전시된 상품처럼 느껴져 재밌으면서도 이상한 기분이 들었다. 그것이 그녀와의 첫 번째 만남이었다. 그리고 일주일 후, 첫 상담이 시작되었다.

아프리카와 인도 혼혈인인 내담자는 작은 키에 비해 에너지가 넘쳐 보였다. 타이트한 오프 숄더 스타일의 드레스와 굽이 10cm는 족히 돼 보이는 하이힐을 신은 그녀에게선 약간의 공격성도 언뜻 엿보였다. 그녀는 상담실에 들어서자마자 내게 자신을 상담

할 만한 자격이 있는지 확인하려는 듯 또다시 나를 위아래로 훑어보았다. 나는 웃음을 참지 못했다.

"어때요? 저 면접 통과한 건가요?"

순식간에 분위기가 풀리더니 그녀도 웃으며 말했다.

"죄송해요. 그동안 너무 엉망인 상담사를 많이 만났거든요."
"부디 기대치를 낮춰 주세요. 저도 별로일 수 있잖아요? 대신 선생님 이야기를 최대한 경청하겠다고 약속할게요."

그녀가 자리에 앉으며 말했다.

"먼저 밝혀두자면, 제 과거는 아주 복잡해요. 그러니 비난하듯 저를 '가르치려' 들지 말았으면 좋겠어요."
"저는 당신을 가르칠 자격이 없어요. 비난은 더더욱 할 수 없죠. 인생의 채찍질을 안 당해본 사람이 과연 몇 명이나 있을까요? 이 상담실 안에서만큼은 모두가 평등해요. 저와 선생님 모두 인생의 도전을 마주해야 하니까요. 그러니 제가 할 수 있는 일은 경청하고 공감하는 것뿐이에요. 이게 선생님께 힘을 드릴 수 있다면 저는 그걸로 만족하고요."

예전부터 심리상담 분야에서는 상담사와 내담자의 관계가 동등하지 않다는 논쟁이 있어 왔다. 간혹 자신이 전문적인 훈련을 받은 전문가로서 내담자를 '구제'하거나 '도와준다'고 여기며 거만하게 콧대를 세우고 내담자를 내려다보는 상담사들이 있다. 그러나 이러한 거만한 태도로는 내담자의 진심을 이해하기 어렵다.

'진심은 반드시 진심으로 대해야 한다.' 이것은 내가 굳게 믿고 있는 원칙이다.

이 원칙은 상담에도 동일하게 적용된다. 아무리 박사과정을 밟고, 아무리 수많은 전문 훈련을 받았어도, 다른 사람을 '구제'할 자격은 그 누구에게도 없다.

나는 서로의 상처와 경험을 존중하는 것이 더 큰 치유력을 가진다고 믿는다. 상담의 궁극적인 목표 역시 상담사의 역량에 의존하는 것이 아니라, 내담자의 자연 치유력을 끌어내는 것이라고 생각한다.

나는 그녀에게 내가 상담사로서 업무에 임할 때의 마음가짐을 들려주었다. 나의 견해를 들은 그녀는 신경 속 경계 세포가 줄어들었는지 자세를 편하게 고쳐 앉고 자신의 과거와 현재에 관한 이야기를 들려주기 시작했다.

잠시 쉬어 가세요, 런던의 심리상담실

이제 35세 불과한 그녀는 올해 18살이 된 딸을 둔 엄마였다. 그녀의 아버지는 그녀가 태어난 지 얼마 되지 않았을 때 떠났다. 어린 시절부터 어머니와 서로 의지하며 살아왔지만, 14살이 되던 해 병으로 어머니를 여의었다. 그 후 사회복지기관을 통해 위탁가정에 보내졌지만, 어머니를 잃은 슬픔과 무관심한 위탁가정에 지친 그녀는 사람의 정을 찾아 밖으로 나돌기 시작했고, 주변의 불량배 무리와 어울리다 16살이 되던 해에 임신을 했다. 상대방은 임신 사실을 듣자마자 종적을 감추었고, 겨우 16살이던 그녀는 아르바이트와 정부 지원금으로 근근이 생활을 이어갔다. 이후 양로원의 요양보호사 일을 시작한 그녀는 치과 간호조무사로 자리를 잡았고, 딸도 성실히 생활한 덕에 대학 입학이 결정된 상태였다.

여기까지 들으면 드디어 고생 끝에 낙이 오는구나 싶겠지만, 그녀의 인생은 절대 만만하지 않았다.

그녀가 말했다.

"제 마음속에는 구멍이 하나 있어요. 사랑으로 채워야 하는 블랙홀 같은 구멍이죠. 계속 연애를 하거나 아이를 돌보면 채워질 줄 알았는데, 아이가 크고 나니까 구멍이 점점 커지는 거예요. 아이는 결국 떠나보내야 하잖아요. 그때쯤 마침 지금의 남자

친구를 만났고, 드디어 나를 돌봐주고 사랑해 줄 사람이라고 생
각했어요."

"'그런데'가 나와야 할 타이밍이군요. 동화 속 이야기는 진짜가
아니니까요."

나는 잠시 그녀의 말을 끊고 부연했다.

"맞아요. 동화는 전부 거짓말이죠. 처음 만났을 때 그는 저와
인연을 맺으려고 반년이나 기다려 줄 만큼 아주 신사적이었어
요. 호방한 성격에 제 딸에게도 무척 잘했고요. 무엇보다 능력도
좋고 경제적 여건이 좋았죠. 그는 저를 돌봐주겠다면서 퇴사하
고 같이 살자고 했어요. 그땐 저도 몇 년 동안 너무 지쳐 있던 상
태라 따뜻한 가정을 가지고 싶은 마음이 간절했거든요. 그래서
그의 호의를 바로 수락하고 곧바로 그의 집에서 함께 살기 시작
했죠. 그런데 그 결정이 악몽의 발단이 될지는 꿈에도 몰랐어요.
꿈처럼 황홀한 시간이 한 달 정도 지났을까요. 저에 대한 통제가
점점 심해진다고 느꼈어요. 어디를 가는지, 누구와 함께 있는지
일일이 보고해야 했어요. 제 핸드폰을 감시하는 건 물론이고, 외
도하는 거 아니냐는 추궁도 하더군요. 아무리 설명해도 그는 듣
지 않았고, 상황은 점점 악화되기만 했어요. 예전에 보여줬던 호

방함은 어느새 간교함으로 바뀌었고, 제가 자기 집에서 자기 돈을 쓰고 있다는 점을 끊임없이 상기시켰어요. 모든 집안일을 제게 떠맡기더니 제대로 안 한다고 비난하고 욕하더군요. 솔직히 말씀드리면 오늘도 그가 출근했을 때 몰래 도망 나온 거예요."

나는 그녀의 설명을 복기했다.

"가족이 생겼다고 생각했는데, 알고 보니 감옥에 들어간 거네요?"

"맞아요! 너무 무섭고 숨이 막혀요. 그가 집에 들어오는 순간부터 저는 항상 긴장 상태에요. 또 욕을 먹고 비난당할까 봐 두렵고요."

"신체적인 가해가 없더라도 그건 명백한 가정 폭력이에요."

나는 엄숙하게 말했다.

가정 폭력은 우리가 일반적으로 알고 있는 신체적 폭력만 있는 게 아니다. 실제로 가정 폭력은 상대방을 향한 심리적인 폄하, 상대방을 통제하기 위한 각종 제약, 상대방의 행위에 대한 과도한 통제 혹은 위협 등도 포함된다.[48]

"그분이 이렇게 대하는데도 그를 떠나기는 어려운 거죠?"

"네…. 저 너무 한심하지 않나요?"

나는 단호하게 고개를 저으며 말했다.

"전혀요. 정말 사랑받는 느낌을 제대로 경험해 본 적이 없어서 고통을 당연시하게 된 것 같아요. 너무 힘든데 어느 방향으로 가야 할지 모르는 상태인 거죠. 아주 정상적인 반응이에요. 그리고 말씀하신 것처럼 내면의 그 블랙홀은 애정과 안정감 그리고 돌봄이 필요하죠. 그가 처음에 보여준 이미지도 그랬고요. 어쩌면 아직 처음 모습으로 돌아갈 수 있을 거라는 환상을 품고 계시는 지도 모르겠어요. 두 분이 함께했던 달콤한 시간은 예전에 한 번도 맛보지 못한 경험이었을 거예요. 그래서 지금 당장 그가 가혹하게 대해도 선생님은 그 시간을 못 잊고 있는 거죠."

"맞는 것 같아요. 사실은 저도 속으로 저를 무시하고 있어요. 예전엔 아무리 힘들어도 버텨냈어요. 친구들이 자기가 본 여자 중에 가장 강한 사람이라고 할 정도였고, 저도 다시는 삶에 무너지지 않을 거라고 장담했었죠. 그런데 지금은 한쪽 날개가 부러진 새처럼 도저히 날아오를 수가 없어요. 너무 지쳤거든요. 사는 게 너무 힘들어요."

여기까지 말을 마친 그녀는 결국 울음을 터뜨리고 말았다.

그녀가 겪어온 고통이 내게도 전달되었다. 예전의 상처와 새로운 상처로부터 동시에 공격받은 그녀는 힘들고 무기력해질 수밖에 없었다. 누군가에게 용기를 불어넣는 것은 길고 지난한 여정이다.

그 뒤로 상담이 몇 차례 더 이어졌다. 가끔 그녀가 상담실에 직접 올 수 없을 때면 남자친구 몰래 영상통화로 상담을 하기도 했다. 한번은 그녀가 울면서 내게 물었다.

"제가 왜 이렇게 약해졌을까요?"

"가끔 삶이 우리에게 주는 선택의 기회가 정말 적을 때가 있어요. 우리가 마주해야 하는 문제는 끊임없이 나타나는데 그걸 피할 방법도 없고요. 잠깐 약해졌다고 걱정하지 마세요. 우린 슈퍼맨이 아니잖아요. 그런데 본인의 가정을 꾸리는 일은 결국 본인만이 할 수 있어요. 지금의 바닥을 벗어나기 위해 어쩌면 목표가 필요할지도 모르겠네요. 마음속 깊이 생각해 보세요. 지금의 관계에서 벗어나면 무엇을 제일 하고 싶으신가요?"

빛이 있어야 우물 바닥에서 올라올 수 있다. 그녀에게는 자신에 대한 기대가 바로 그 서광이 될 것이었다.

　다음 상담에서 그녀는 내게 새로운 생각을 공유했다.

　"제 딸이 대학에 들어갔잖아요. 저도 대학에서 간호학을 배워
보고 싶어요. 그런데 제가 할 수 있을까요?"
　"본인이 원하고, 시작하기만 하면 반드시 성과가 있을 거예요."

　내 대답은 용기를 주기 위한 빈말이 아니라 나의 경험을 토대
로 한 응원이었다. 나는 내가 심리학을 공부하기로 전향한 경험
을 들려주었다. 심리상담은 보통 내담자와 명확한 경계를 긋지만,
가끔은 내 마음을 공유하기도 한다. 나도 완벽하지 않은 사람이
고, 나의 삶도 수많은 내담자와 마찬가지로 다양한 문제와 싸우
고 있기 때문이다.

　목표가 생기자, 그녀는 점차 더 용감하고 독립적으로 변하기
시작했다. 대학에 입학지원서를 접수하는 한편, 더는 상대의 요
구에 비굴하게 응하지 않는 등 서서히 감정의 경계를 세워갔다.
그리고 다시 일을 시작함으로써 경제적 자유를 되찾았다.

　그리고 또 한 번 상대방으로부터 치욕을 당하고 무시당하던
날, 그녀는 마침내 집을 나왔다. 그녀는 친구 집에 임시로 거주하
며 돈을 모아 자신만의 작은 집을 구했다. 다른 회차의 상담에서

그녀는 대학 입학 신청서 항목 중 자기소개 부분을 어떻게 써야 할지 모르겠다며, 지금까지 하나도 이룬 게 없는데 어떤 대학이 자신을 받아주겠냐며 고민을 털어놓았다.

이에 내가 말했다.

"절대 헤어 나오지 못할 거라 여겼던 바닥을 벗어났잖아요. 그것만으로도 충분히 자신을 증명한 셈이에요. 본인의 이야기를 써 보세요. 입학 자격뿐 아니라 존경받을 자격도 충분하니까요."

이메일의 마지막 부분에는 그녀가 대학에 입학했을 뿐만 아니라 장학금까지 탔다는 내용이 담겨있었다.

나는 회신을 보냈다.

"정말 자랑스러워요! 지금 가장 감사해야 할 사람은 제가 아니라 자기 자신이에요. 바닥부터 한 걸음씩 힘겹게 올라왔으니까요. 이 모든 경험이 당신을 더 강하게 만들어줄 거예요!"

● 마음을 의지할 곳이 간절히 필요하다고 자신의 가치를 다른 사람에게 넘기면 더 큰 대가를 치러야 할 수도 있습니다. 부디 용감하고 독립적으로 인생의 어려움을 마주하세요.

● 의존적인 태도는 인생의 주도권을 남에게 양도하는 것이나 마찬가지입니다. 남이 마련해 주는 인생은 불확실성이 크죠. 그러니 아무리 힘들어도 인생의 주인은 본인이 되어야 합니다.

● 경제적 독립이 뒷받침되어야 정신적인 독립도 할 수 있습니다. 그리고 정신적인 독립을 해야 자주적인 생활이 가능하죠. 어떤 관계에서도 이점을 꼭 명심하시기를 바랍니다. 자기 자신이야말로 영원한 자신의 울타리죠. 내면의 자신을 잘 돌보면 따뜻함과 풍족함을 얻을 수 있습니다.

갱년기와 사춘기로 불화를 겪는 모자

나는 엄마이자
온전한 하나의 자신이다

또다시 개학 시즌이 찾아왔다. 최근 몇 년간 영국에는 자녀를 따라 동반 유학을 온 어머니가 부쩍 많아졌다. 어디에서든 중국 가정은 자녀에 대한 높은 교육열을 자랑한다.[49] 가족과 멀리 떨어져 외국에서 생활하며 혼자 자녀를 양육해야 하는 책임을 떠맡은 어머니의 고단함은 이루 말할 수 없다. 그리고 이럴수록 인생은 우리에게 더 짓궂기 마련이라 낯선 곳에서 문화적 충돌을 겪으며 성장 중인 사춘기 아이와 엄마가 함께 지내면 가족 간의 '보이지 않는 폭탄'이 자랄 확률이 크게 증가한다.

내 앞에서 초췌한 모습으로 눈물을 흘리고 있는 중년의 어머니가 딱 그 상황이었다.

"박사님, 제 아들 좀 봐주세요. 이제 16살인데 말도 안 듣고 학교도 안 가고, 얘 걱정하느라 제가 죽겠어요. 아이가 영국으로 온 지 벌써 5년째나 됐는데, 아직도 적응을 못하고 있어요. 팬데믹 때문에 애 아빠가 못 오고 있어서 영어도 잘 못 하는 제가 혼자서 아이를 돌보고 가정교사까지 찾느라 맨날 허둥지둥하고 있어요. 원래 말을 잘 듣는 아이였는데 2년 전쯤부터 도통 말을 듣지 않아요."

어머니의 고민을 들은 우리는 바로 아이의 이야기도 들어보기로 했다.

아이의 입에서 불만이 쏟아져나왔다.

"엄마는 지금 완전히 갱년기라니까요? 툭하면 소리 지르고 숙제하라는 말밖에 안 해요. 제가 학교에서 어떻게 지내는지도 모르고 해결할 방법도 없으면서, 종일 저를 무시하거나 소리만 질러요! 중국으로 돌아가면 절대 엄마랑 같이 안 살 거예요!"

이렇게 서로를 탓하는 말다툼은 끊이지 않았다.

솔직히 상담사 관점에서 보면 틀린 사람은 없다. 단지 둘이 동시에 인생의 전환기에 접어든 게 문제였을 뿐이다. 이 전환은 단순히 생리적인 변화뿐만 아니라 심리적인 변화도 포함된다. 스스로 통제할 수 없는 변화 때문에 기존 소통 방식의 효과가 떨어지자 오히려 부작용이 발생한 것이다. 이때 심리상담사가 해야 할 일은 이 소통 시스템을 새로운 모델로 업그레이드하여 모자의 교류를 더 원활하게 만들어주는 것이다.

우리는 우선 어머니의 갱년기 증상과 관련된 생리적, 심리적 문제를 들여다보기로 했다. 여성은 일반적으로 47세 전후로 갱년기에 접어들며, 증상은 5년 정도 또는 그 이상 지속될 수 있다. 이 기간에 체내 에스트로젠 호르몬 수치가 점차 감소하면서, 여성의 몸에는 내분비 이상 등 일련의 증상이 나타난다. 사람마다 체질에 따라 심장박동수가 증가하거나 어지럼증, 기력 저하, 불면증, 야한증(한밤중 지나치게 땀을 흘리는 증상)이 나타날 수 있으며, 허리와 다리 통증, 다리 경련, 면역력 저하로 인한 잦은 병치레 등의 증상을 보이는 사람도 있다. 이렇게 생리적인 변화만 있으면 문제가 크게 심각하지 않다.

기존 연구에 따르면 갱년기 여성은 심리적인 변화를 함께 겪는다. 이들은 전보다 더 쉽게 불안해지고, 동일한 스트레스에도 더 민감하고 취약하며, 건망증이 심해지고 화를 참지 못해 쉽게 짜증을 낸다. 또 자신감이 떨어지며, 수면장애로 우울증을 겪는 등

사춘기 아이와 정반대의 호르몬 변화를 겪는다.[50] 반면, 사춘기 아이들은 충동적이고 새로운 것을 시도하고 싶어 하며, 자신만의 독립적인 인격을 발전시키고자 하는 욕구가 강해져 단순한 잔소리조차 듣기 싫어한다. 그래서 사춘기와 갱년기가 만나면 늘 집안은 전쟁터를 방불케 하는 소란이 일어난다.

다시 상담실로 돌아와서, 나는 눈물을 훔치는 어머니에게 말했다.

"그동안 자녀분만 생각하느라 많이 힘드셨겠어요. 그런데 지금 어머니의 신체는 자신의 몸과 마음을 더 잘 보살펴 달라고 말하고 있는 것 같아요. 혹시 비행기를 탈 때 나오는 승객 안전 수칙 기억하세요? '본인의 산소마스크를 먼저 착용한 다음, 자녀에게 산소마스크를 착용시켜 주세요.'라고 안내하잖아요? 저는 어머님이 먼저 산소마스크를 착용하고, 자신을 더 돌보셨으면 좋겠어요. 아무도 태어날 때부터 엄마인 사람은 없잖아요. 어머니는 '엄마'라는 신분도 있지만, 그 전에 온전한 하나의 인격체이기도 하잖아요? 그러니 자신을 더 아껴주세요. 어머니의 마음이 건강하지 않으면 아이도 건강할 수 없어요. 본인을 돌보는 모습이 아드님께 본보기가 될 거예요."

그녀는 걱정된다는 듯 나를 보았다.

"너무 이기적인 거 아닐까요? 아무래도 마음이 안 놓여서요."
"어머님께서 계속 챙겨주시니까 아드님도 고마움보다는 아마 그게 당연하다고 느끼고 있을 거예요. 아드님이 어머님을 아끼고 공감하며 존중하게 만들고 싶다면, 서로에게 어느 정도의 공간이 필요해요."

아들과의 상담에서 나는 사춘기 소년에게 이렇게 말했다.

"지금 얼마나 불안한지 알아요. 이해받지 못한다고 느끼는 것도 충분히 알겠고요. 그런데 어머니 마음을 헤아려본 적은 있나요? '갱년기'는 세 글자로 간단히 표현할 수 있는 게 아니에요. 아직 갱년기라는 말의 의미를 잘 모르고 있을 수 있어요. 사실 지금 어머니의 마음은 본인과 다를 게 없어요. 그래서 어머니도 천천히 이 변화를 알아가는 중이시고요. 서로 어머니와 아들이 되는 건 처음이잖아요? 어머니를 잘 이해하면 본인의 성장 과정도 더 잘 이해하게 될 거예요. 아드님은 언젠가 어머니를 떠나 더 광활한 하늘로 날아오를 테죠. 그런데 계속 지금처럼 지내면 어머니가 아드님을 놓아주기 어려워하실 수도 있어요. 본인이 성장하는 동안 어머니의 도움이 필요했던 것처럼, 이제는 어머님에게 아드님의 이해와 포용이 필요한 때예요."

중년이 되었다고 해서 무기력해질 필요는 없다. 미국의 유명한 발달심리학자 에릭 에릭슨Erik Erikson은 영아부터 노년까지에 이르는 심리발달을 총 8개의 단계로 구분한 '인격의 사회적 심리발달 이론'을 제시했다.[51]

- **0~2세**   : 세상에 대한 신뢰감을 형성하는 시기
- **2~4세**   : 점차 독립적인 의식을 형성하며, 조심스럽게 세상을 탐험하는 시기 (혼자 화장실 가기, 혼자 옷 갈아입기 등)
- **4~5세**   : 가족의 일원이라는 개념이 생성되며, 외부 세상에 호기심이 왕성해지는 시기
- **5~12세** : 가정 밖에서 자기 능력을 증명하고 싶어 하고, 성실해지거나 자기 비하를 시작하며, 또래의 의견을 중요하게 생각하는 시기
- **13~19세** : 사춘기에 진입하며, 자신이 어떤 사람인지, 친한 친구는 누구인지 등 자신에 대해 탐색하는 시기
- **20~39세** : 가족에 대한 갈망이 생기며 외로움에 민감해지는 시기
- **40~64세** : 가정에 더 큰 사명감을 가지며, '내가 생각하는 성공한

잠시 쉬어 가세요, 런던의 심리상담실

인생'을 어떻게 완성할 것인지 고심하는 시기

- **65세 이후** : 죽음을 생각하기 시작하며 인생을 되돌아보는 시기
  평생의 과정이 만족스러웠는지, 아쉬움이 많이 남지는
  않았는지 고민한다

갱년기 여성(47~55세)은 자녀를 양육하는 것 외에도 자기 삶의 즐거움을 찾고 '엄마'라는 틀에 갇히지 않기 위해 노력해야 한다. 고정관념을 깨고 자신을 찾으려는 노력이 자녀의 독립과 그 준비에 도움이 될 수 있다.

우리의 인생은 변화시키려는 의지만으로도 언제든 바뀔 수 있다. 양육자의 사명은 아이를 얌전히 말 잘 듣는 아이로 키우는 것이 아니라, 아이가 자신만의 여정을 헤쳐나갈 수 있도록 능력을 키워주는 것도 포함된다. 대부분의 경우, 양육자의 솔선수범은 말로만 하는 훈육보다 아이에게 훨씬 직관적이고 설득력 있게 다가간다.

8회에 걸친 모자 상담이 금세 종료되었다. 그동안 우리는 감정을 어떻게 공유하는지, 사춘기와 갱년기의 특징은 무엇인지를 함께 논의하며, 어머니가 자신의 문제를 용기 있게 말하고 아들에게 주도적으로 도움을 구하도록 격려했다.

그리고 상담이 곧 끝나갈 즈음, 어머니의 얼굴에 드디어 미소가 피어올랐다. 그녀는 매일 운동을 하고, 다른 양육자처럼 더 다양한 사교 활동에 참가하고, 적합한 일자리를 찾아보면서 아들과의 관계가 예전보다 수월해졌다고 알려주었다. 그녀는 정말 화를 참기 어려운 순간이 찾아오면 오히려 아들에게 애교를 부리기도 했다. 그럴 때면 아들은 어쩔 수 없다는 눈빛으로 엄마를 보며 "그래, 이제 내가 엄마를 달래줘야지."라고 말한다. 그들은 서로의 눈을 마주 보고 미소 지으며 함께 상담실을 나섰다.

그들의 이야기는 여기까지다. 누구에게나 도움이 필요한 순간이 있지만, 말하지 않으면 아무도 알지 못한다. 진정한 사랑은 이들 모자처럼 서로를 이해하고 포용하는 것이라고 믿어야 한다. 나의 문제를 입 밖으로 꺼내는 순간은 곧 변화를 위한 첫걸음이며, 이를 통해 자신의 어려움을 더 용감히 대처하며 해결 방법을 찾을 수 있다.

● 자기 삶의 지향점을 잃지 말고, 이미 가지고 있는 것을 소중히 여기세요.

● 부모와 자녀의 관계는 매우 중요하지만, 자기 자신과의 관계를 언제나 최우선으로 여겨야 합니다.

● 갱년기와 사춘기의 시기는 비슷하게 찾아옵니다. 이럴 때일수록 부모와 자식 간에 더욱 조심스러운 태도가 필요합니다. 무엇보다 관심의 대상을 자신에게 갖도록 하세요. 무언가에 몰두하는 태도만이 트러블을 최소화할 수 있습니다.

변화하는 일상,
그것이 삶이다

처음 만난 사람에게 내 직업을 말하면, 그는 흥분하며 "그러면 지금 제가 무슨 생각을 하고 있는지 맞힐 수 있어요?" 또는 "제 심리도 좀 분석해 주세요." 이런 질문을 던진다. 보통은 웃으며 넘기지만, 이럴 때마다 사람들이 심리상담을 상당히 오해하고 있다는 사실을 실감하게 된다.

심리학과 심리상담은 수많은 데이터와 사례 연구에 기반한 사회과학에 속한다. 어느 분야나 '무대 위에서의 10분을 위해 무대 밑에서 10년의 세월이 필요하다'라는 말이 동일하게 적용된다. 그중에서도 심리치료 과정은 특히나 느리고 힘겹게 진행되기 때문에, 단기간 내에 아주 '효율적'으로 모든 증상을 치료할 수 있다고 장담하는 상담사가 있다면, 나는 그 상담의 '질'에 의심을 품고 말 것이다.

심리상담에는 아무런 지름길이 없다. 내가 이런 생각을 가지게 된 데는 한 내담자의 덕이 컸다.

영국 의료체계는 박사 학위 취득 후 3년 동안 공립병원에서 3년 이상 근무해야 사립 상담실 지원 자격을 부여하도록 규정하고 있다. 영국 공립병원의 심리상담센터는 언제나 '수요 과다, 공급 부족' 상태의 압박을 겪고 있어서 신규 박사 졸업생의 신분으로 쏟아지는 대기 환자와 사례를 충당해야만 하는 것이다.

영국에서는 국민 모두가 매년 12~15회의 무료 상담을 받을 수 있고, 증상이 심각한 경우 상담 기간이 연장되기도 한다. 다만 공립병원 자원은 한정적인 반면, 심리상담 수요는 기존 병원 인력으로 감당할 수 없을 정도로 많아서 환자 대기 시간도 그만큼 길어질 수밖에 없다. 내담자는 평균 3개월에서 6개월가량 대기하고, 일부 빈곤 지역의 대기 기간은 1년을 넘어서기도 한다. 그리고 나는 가장 낙후한 지역에 있는 병원의, 가장 낙후한 심리상담 부서에 배치되었다.

내게 배정된 내담자들은 대기 명단에 이름을 올리고 무려 1여 년을 대기한 상태였다. 1년은 경도 우울증 환자도 중증 우울증으로 악화할 수 있는 기간이다. 무엇보다 내담자들은 애초에 증상이 심각한 상태로 병원을 찾은 경우가 대부분이었다. 3년 동안 나와 상담을 진행한 내담자 대부분은 중증 정신질환을 겪고 있었고, 일부는 생명이 크게 위험한 수준이었다. 당시 나의 뇌는 늘 과부하에 시달렸다. 좌뇌는 정신과 입원부서의 응급 연락처가, 우뇌는 사례에 따른 위험 등급별 사회복지기관 도표로 잠식된 탓에 '왜 하필 이런 지역으로 배치된 거람…'이라며 불만을 품고 살았다.

이번 사례의 내담자는 눈과 비가 섞인 진눈깨비가 촘촘히 내리던 런던의 가장 추운 날, 상담을 하러 왔다. 연식이 오래된 병원의 히터는 진작에 고장이 났고, 나는 한기 가득한 상담실에서 작은 전기히터에 의지한 채 덜덜 떨며 차트를 기록하고 있었다. 노크 소리가 들리는가 싶더니 곧 아프리카계 영국 남성이 들어왔다. 나는 손에 든 자료를 보면서도 66세라는 숫자와 눈앞의 건장한 이 남성을 매치할 수 없었다. 차트를 꼼꼼히 다시 살펴보았다.

* 아프리카계 남성, 66세
* 전립선암 환자
* 암 재발로 인한 우울증

* 치료 대기 시간, 1년

아무리 봐도 차트에 기록된 그 어떠한 정보도 내 앞에 있는 사람과는 관련이 없어보였다. 한겨울이었는데도 그는 얇은 옷차림이었다. 외투를 벗자 타이트한 운동복 위로 몸의 근육과 윤곽이 선명하게 드러났다. 나는 무료 상담을 1년이나 기다린 그가 자기소개를 마치는 대로 시스템의 불공평함에 대해 불만을 토로하거나, 곧바로 자신의 증상을 들어달라고 호소할 줄 알았다. 그런데 그는 아주 차분하게 나를 가늠하고 있었다. 나도 그의 시선을 받으며 아무 말도 하지 않았다. 상담실 안은 낡은 전기히터에서 나는 '찌지직' 소리만 나지막이 울렸다.

심리상담 중 갑자기 조용해지는 이 시간을 '치료 중 정지'[52]라고 부르며, 이런 정지의 시간은 꽤 흔히 볼 수 있다. 낯선 사람에게 마음을 보여주기란 누구에게나 쉽지 않기 때문이다. 나도 '상담 체험'이라는 박사 필수 수강 과목에서 같은 기분을 느껴보았다. 모르는 사람에게 저항의 벽이 생기는 것은 자연스러운 심리 보호 기제 중 하나이며, 내가 그였어도 상담사를 가늠하려 했을 것이다.[53]

고의적인 침묵은 시간을 유난히 더디게 만든다. 마침내 그가 긴 침묵을 깨고 첫 번째 질문을 던졌다.

"중국인이시오?"

나는 고개를 끄덕였다. 그가 질문을 이어갔다.

"그럼, 리샤오룽李小龍(이소룡)을 아시오? 내가 굉장한 팬이거든 요. 그를 따라 영춘권永春拳(중국 무술의 한 권법)도 몇 년이나 배우고, 공수도空手道(일본 무술)는 검은 띠까지 따고 세계 챔피언 자리에도 올랐죠."

역시 고수는 민간에 숨어있는 법이다. 그 순간 '중국 무술 쿵푸功夫'가 자랑스러워진 내가 말했다.

"정말 대단하세요! 최고예요!"

그런데 뜻밖에도 그의 한숨 소리가 들려왔다.

"아시다시피 저는 암 환자입니다. 한 차례 수술도 받았지만 재발했고, 지금은 두 번째 수술을 기다리는 중이지요. 암세포와 함

잠시 쉬어 가세요, 런던의 심리상담실

께 힘과 통제력도 제거된 것 같은 느낌이에요. 매일 6시간씩 운동하는 습관을 유지하고 있기는 하지만, 이제 남자가 아닌 것만 같아요."

전립선암 수술을 하면 회복 과정에서 소변줄을 껴야 하고 성욕이 감퇴한다. 나도 이 사실을 대략적으로는 알고 있었다. 이는 남성의 자존감에 큰 영향을 미치고 우울증도 유발할 수 있다.
그를 위로하려고 하자 갑자기 도발적인 말투로 물었다.

"이미 이 지경이 됐는데, 당신이 뭘 더 해 줄 수 있을 것 같소?"

나는 잠시 어리둥절했다가 신중히 생각을 정리한 다음 말했다.

"함께해 드릴 수 있어요."

그가 우울증에서 벗어날 수 있도록 여러 방법을 동원해 이끌고 위로하며 도와주는 것 말고, 사실 내가 할 수 있는 일은 없었다. 그런데 그 순간만큼은 이런 사실이 하나도 중요하지 않게 느껴졌다. 그가 잃어버린 것을 찾아줄 수는 없지만, 그와 동행할 수 있다는 것만큼은 확실했기 때문이었다.

함께한다는 것, 즉 '동행'의 의미를 과소평가해선 안 된다. 유명한 미국의 심리학자 칼 로저스Carl Rogers는 인격 이론에서 '동행'은 매우 중요한 부분이라고 언급했다. 칼 로저스의 인격 이론에 따르면 사람의 마음에는 위로 향하려는 기운이 있는데, 이는 '인간의 본성은 선하다'는 성선설과 비슷한 맥락을 가진다.[54][55]

로저스는 충분한 애정과 동행이 있는 환경에서 우리의 내적 자아와 외적 자아는 상대적으로 조화롭게 발전하고. 비교적 쉽게 자아실현을 이룰 수 있다고 여겼다. 그가 언급한 '자아실현'이란 솔직하게 자신의 경험을 대하고 현재를 살아가며, 자신의 감정을 믿고 존중해, 깊은 공감 능력을 갖추는 것을 포함하는 개념이다.

반대로, 충분한 애정과 동행, 그리고 존중이 결여된 환경에서는 우리의 내적 자아와 외적 자아 간에 격렬한 충돌이 발생하여 여러 심리 문제가 야기될 수 있다.

나의 대답에 내담자가 물었다.

"확실합니까? 쉽지 않은 길이 될 텐데요?"

"제가 그 길을 함께 걷게 해 주시겠어요? 제게 영광이 될 것 같은데요?"

잠시 쉬어 가세요, 런던의 심리상담실

그 뒤로 이어진 몇 차례의 상담에서 나는 그의 과거를 더 많이 알게 되었다. 그가 무술을 배운 이유는 폭력성이 짙은 아버지 때문이었다. 그는 7살 때 아버지로부터 손찌검을 당했다. 사회복지 기관이 개입하고 난 뒤에야 폭력적인 아버지에게서 벗어날 수 있었지만, 그는 자신을 데려간 위탁가정에서 더 큰 상처를 입었다.

상담 중 그가 내게 말했다.

"잠들기 전에 모든 문과 창문을 잠그는 습관이 있어요. 그리고 베게 밑에는 항상 작은 칼을 두죠. 저를 지키는 법을 배워야 했습니다. 그래서 무술을 배우기 시작했는데, 하필이면 제가 충분히 강해졌다는 생각이 들 때쯤 병에 걸려버렸지 뭡니까."

그는 어린 시절부터 자신을 지키기 위해 치열히 싸워왔다. 그러면서 과거에 분노하고 현재의 자신에게 불만이 쌓여 우울증이 생긴 것이다.

"쉽지 않은 길을 걸어오셨네요. 그런데 생각해 보면, 이젠 치열하게 싸우지 않아도 되잖아요?"

내 말을 들은 그의 얼굴에 놀라움이 서리는가 싶더니, 묵묵히

한 마디를 반복했다.

"이제 싸우지 않아도 되는군요. 싸우지 않아도 돼요…."

이윽고 그의 눈에서 눈물이 흐르기 시작했다.

인내심을 가지고 그와 15회의 상담을 진행하고 나자 그가 말했다.

"아무한테도 제 과거를 말한 적이 없어요. 다른 사람이 제 과거를 들으면 나약하다고 비웃을 것 같았거든요. 저는 싸워야만 생존할 수 있다고 생각했어요. 그런데 이제 적어도 단 한 사람만큼은 과거로 저를 평가하지 않을 거란 사실을 알게 되었어요."

"아니요, 최소한 두 사람이죠. 절대 자기 자신을 잊지 마세요."

상담이 마무리된 후 그는 눈에 띨 정도로 상태가 좋아져 있었다. 마지막 상담 때 그는 이렇게 말했다.

"박사님이 동행해 주신 덕분에 제 마음을 제대로 볼 수 있었어요. 이제부터 저도 저 자신과 잘 동행해 보겠습니다."

그렇다. 우리에게는 우리 자신이 있다. 인생이라는 길이 울퉁불퉁한 비포장도로처럼 힘들고 고되지만, 치유나 자아실현을 할 수 없다는 의미는 결코 아니다. 우리는 본능적으로 내면의 즐거움을 갈망하기 때문에, 상담을 통해 무조건 자신을 사랑하고, 돌보고, 동행하는 법을 배울 수 있다.

이는 심리학에서 효과가 입증된 내면의 트라우마 치유 방법 중 하나다.[56]

과거는 바뀌지 않지만, 현재는 우리 앞에 놓여 있다. 나는 당신이 과거에 받은 고통을 이해하고, 당신이 받았던 상처를 보았다. 그럼에도 나는 당신이 이겨낼 수 있다고 굳게 믿는다. 당신이 이겨내고 싶어 하기 때문이다. 그리고 내가 할 수 있는 건 그저 동행뿐이다. 나를 통해 당신은 자신이 걸어온 길의 어려움을 보고, 자신의 힘을 느끼며, 자신이 바라는 자아를 이해하고 자신의 감정에 집중하며, 자기 내면과 외면을 점차 일치시켜 갈 수 있다.

공립병원에서 근무하던 시절, 나는 무수히 많은 카드와 꽃, 초콜릿, 내담자가 그린 그림, 편지 그리고 포옹과 내담자의 칭찬을 받았다. 이 경험이 내게 정말 중요한 이유는, 상담사라는 직업 및 박사 학위에 대한 나의 자만감을 내려놓게 해 주었기 때문이다. 이 기간에 나는 나의 한계를 목격했고, 타인의 어려움을 변화시키지 못했다는 무력감을 통감했다. 하지만 그와 동시에, 인내심과 동행이 가지는 치유의 힘을 더욱 절실히 체감할 수 있었다. 또한, 내담자를 존중하는 법을 배웠고, 삶의 어려움에 직면하는 그들의 용기에 탄복하기도 했다. 사실 그들이 가장 감사해야 할 대상은 바로 '자기 자신'이다. 그들 스스로가 치료를 통해 계속 살아갈 용기를 찾고 치유의 길로 들어섰기 때문이다.

자아를 찾는 길을 걷고 있는 우리에게 필요한 것은 인내심과 관심, 그리고 사랑이다. 힘든 길이지만 절대 마음의 가로등을 꺼뜨리면 안 된다.

칼 로저스는 '아름다운 인생은 하나로 존재하는 상태가 아니라 하나의 과정이며, 그것은 종점이 아니라 방향이다.'[57]라고 했다. 오늘의 Dr. Yin의 심리상담 TIP은 여러분이 명심해야 할 4가지를 알려주고자 한다.

Dr. Yin의 심리상담 TIP

- 자신에 대한 공감력을 유지하세요.

- 진실함을 유지하세요.

- 지금의 당신이 바라던 모습이 아니더라도 영원히, 조건 없이 자신을 받아들이세요.

- 기억하세요, 당신은 이미 길 위에 있다는 사실을요.

진심으로
자신을 사랑하는 법
배우기

자신을 인생의 루저로 인식하는 여성

자신을 좋아하는 것부터
시작하기

심리학자 칼 구스타프 융은 "당신이 의식하지 못한 무의식이 당신의 삶을 지배하고, 당신은 그것을 '운명'이라고 부를 수 있다."[58]라는 말을 남겼다.

높은 가을 하늘과 선선한 바람, 그리고 햇살까지 완벽한 런던 최고의 계절이라 할 수 있는 9월이 되었다. 그리고 그런 날씨와 상반된 모습의 내담자가 상담실에 들어섰다. 지저분하게 때 묻은 작업복으로 온몸을 꽁꽁 싸매고, 머리는 오랫동안 감지 않은 듯 엉겨 붙어 있었다. 외투를 벗자 단추를 잘못 잠근 얇은 셔츠가 눈에 들어왔다.

나의 직감이 말했다. '오랫동안 자신을 돌보지 않은 분이로군.'

상담이 시작되었지만, 그녀는 오랜 기간 자신만의 세계에 빠져 있었던 듯 말이 없었다.

내가 조용히 말했다.

"초진 차트와 우울증 지수는 먼저 확인했어요. 그런데 저는 오늘 상담 오신 이유를 직접 들어보고 싶은데, 어떠세요?"

"제가 오늘 온 이유요? 제가 너무 실패자 같아서요."

"어째서 그런 생각을 하게 되셨을까요?"

"얼마 전에 회사에서 해고당했어요. 무려 15년이나 일한 곳에서요. 회사는 제 삶의 전부였어요. 매일 아침 일찍 회사에 도착해서 제일 먼저 문을 여는 사람이 저였어요. 회사에 자질구레한 일이 많았는데, 그 일을 전부 제가 도맡았죠. 휴가 계획을 세웠다가도 동료의 부탁을 받으면 휴가를 취소해서라도 그 부탁을 들어줬고요. 저는 다른 동료들의 요청을 한 번도 거절하지 않고 최대한 도우려 애썼어요. 그런데 결과는 어떤지 아세요? 회사에서 구조조정을 하자 가장 먼저 자른 게 저였어요. 쓰레기처럼 버려졌다고요!"

"일 때문에 많은 것을 희생하셨군요."

나는 찻잔을 건네며 말했다. 그녀가 한숨을 내쉬었다.

잠시 쉬어 가세요, 런던의 심리상담실

"저는 그저 거절하기 싫었을 뿐이라고요. 제가 부탁을 거절하면, 그 사람들이 저를 싫어하고 거부하리라 생각했죠. 그보다 더 끔찍한 건, 사람들이 더 이상 저를 받아들이지 않고 좋아하지 않을 것 같다는 기분이 가시지 않는다는 거죠."

"다른 사람이 선생님을 거부하고 싫어하는 게 두려우신가요?"

"당연하죠! 누구나 타인의 평가를 신경 쓰잖아요? 누구나 환영받기를 원하잖아요? 박사님은 안 그러신가요?"

그녀는 내 질문에 당연한 걸 왜 묻느냐는 듯 답했다.

사람은 누구나 사교적 속성을 타고난다. 즉, 사람은 대인관계에서 다른 사람의 이해를 받고, 받아들여지고, 좋아해 주기를 기대한다는 뜻이다. 다른 사람이 자기를 좋아하고 받아들이면, 마음속 깊은 곳에서부터 안전감, 가치감, 행복감, 의미감을 느끼며 우리의 가치와 존재가 어느 정도 증명되었다고 생각한다.

진화심리학의 관점에서 보면, 인류의 기원은 팀워크에서 시작되었다. 먹이를 찾으러 외부에 나갔다가 사나운 맹수를 마주쳤을 때, 무리에서 낙오된 사람의 결말은 낙관적이지 않다. 무리에서 버려지고 배척당한 사람이 위험한 상황에서 스스로 생존할 기회가 희박한 것도 같은 맥락이다.[59] 그 덕분에 몇만 년이 지난 지금도 우리의 DNA에는 낙오되거나 배척당하고 싶지 않은 방어 기제가 깊이 새겨져 있다.

그러니 거절당하거나 환영받지 못할 때 실망하는 것은 당연하다. 그런데 다른 사람의 호감을 사기 위해 자신을 완전히 바꾸고, 거절당하거나 환영받지 못해 큰 상처를 입는다면 이는 자기 수용에 문제가 생겼다는 뜻이다.[60]

"저는 오히려 다른 질문을 드려보고 싶은데요? 선생님은 지금의 자신을 좋아하시나요?"
"제가 저를 좋아하냐고요?"

그녀는 무의식적으로 이 말을 반복했다. 시간이 얼마나 흘렀을까, 그녀가 고개를 저으며 말했다.

"제가 저를 좋아할 만한 이유가 없는데요? 저는 엉망이에요, 저 자신도 저를 싫어할 정도로요."

말을 마친 그녀는 깊은 생각에 잠긴 뒤 다시 내게 물었다.

잠시 쉬어 가세요, 런던의 심리상담실

"박사님, 어떻게 하면 자신을 좋아할 수 있어요? 제가 저를 좋아하려면 어떻게 해야 하나요?"

"정말 훌륭한 질문이에요. 우리의 상담도 여기서부터 시작하죠. 자신을 좋아할 수 있도록 제가 천천히 도와드릴게요. 우선 자신의 몸을 돌보는 노력부터 해 보죠. 보아하니, 상담의 목표가 생긴 것 같은데요?"

상담이 끝나고, 자리에서 일어나 밖으로 나서는 그녀의 자세는 들어올 때보다 상당히 편안해졌다.

이 내담자의 내면에는 '다른 사람의 요구를 먼저 충족시키지 않으면, 아무도 나를 좋아하지 않을 것이다.'라는 무의식이 깔려있었고, 이 때문에 자기도 모르게 자기 자신을 받아들이지 못했다.

그렇다면 자신을 수용하지 않는 마음은 어디에서 생기는 것일까? 내가 겪었던 대부분 사례에서는 지나치게 순종적인 아이가 그 이면에 숨어있었다.

어릴 때부터 인정을 갈망하거나, 불안한 가정환경에서 자라거나, 감정 표현을 할 수 없었거나, 애정과 돌봄을 원했던 아이는 자신을 싫어하는 상태로 성장한다. 그리고 성인이 되어서도 여전히 결핍을 느끼며, 자신을 평가할 때 습관적으로 자기비하적 표현을 사용할 확률이 높다.

이러한 과거의 경험과 트라우마로 인해 이들은 성인이 된 후에도 자신의 욕구보다 타인의 요구를 더 우선시하는 경향을 보인다. 무엇보다 안타까운 점은 타인이 무조건 이들의 끊임없는 희생을 알아봐 주는 것은 아니며, 심지어 이들이 원하는 결과를 얻지 못할 수도 있다는 사실이다.

나는 그녀가 자신을 싫어하는 문제를 겪고 있다는 사실을 확인한 다음, 그녀가 자신을 좋아하고 사랑하게 만드는 것에 중점을 두고 상담과 치료를 진행했다. 아울러 성장 과정에서 진정한 사랑과 관심을 받지 못했더라도 스스로 새로운 사랑을 충분히 얻을 수 있다는 점을 인식시켰다.

사실, 성장 과정에서는 누구나 사랑이 부족하다는 느낌을 받는다. 그렇지만 이것이 우리가 자신을 사랑하는 법을 배울 수 없다는 뜻은 아니다. 예를 들어, 상담 중 나는 그녀의 내적 동기를 자극하며 아직 아무에게도 정체를 드러내지 않았지만, 그녀가 발견해 주기를 기다리고 있는 장점을 주도적으로 발굴하도록 격려했다. 우리는 자신의 장점이 크든 작든 찾아내기 위해 노력해야 하며, 자신의 소중함을 깨닫고 나아가 자신을 소중히 대하기 위해 노력해야 한다. 바로 이러한 태도가 자기 자신을 좋아하게 만드는 원동력이기 때문이다.

또한, 친구 모임에 참석하기, 생각나는 대로 떠나는 여행 등 그녀가 당장 실천할 수 있고, 즉각적으로 즐거움을 느낄 만한 일을 많이 하라는 조언도 건넸다.

상담 외적으로 그녀도 스스로 건강한 몸과 마음을 최우선으로 두고, 느리지만 주도적이고 적극적으로 자기 내면을 이해하기 위한 노력을 시작했다. 그녀는 즐거웠던 추억을 떠올리는 한편, 일 때문에 포기했던 취미 활동에도 다시 발을 들였다. 가장 멋진 변화는 그녀가 자기 내면의 감정과 욕구를 항시 관찰하는 방법을 배우기 시작했다는 것이다.

그렇게 첫걸음을 내디딘 그녀는 새로운 일에도 용기를 가지기 시작했다. 예를 들어, 집 근처에서 3km씩 산책을 하기로 마음먹은 것이다. 처음에는 가볍게 걷던 것이 이제는 조깅을 할 정도로 체력이 올랐다. 상담 때마다 그녀의 상태는 눈에 띄게 좋아졌다. 때 묻은 지저분한 작업복은 화려한 색상의 요가 바지로, 기름기에 엉겨 붙었던 머리카락은 깔끔한 단발로, 화장기 없던 맨 얼굴에는 립스틱으로 화사함이 더해졌다. 그녀가 자기 내면을 탐색하고 반성하며 일어난 변화였다. 나는 그녀가 서서히 '자기 자신을 좋아하는' 습관을 들이고 있다는 걸 느낄 수 있었다.

사실 이 사례의 내담자는 '착하고 순종적이며 어른스러워야 하는' 우리 대다수를 대변한다. 우리는 남들 기분이나 평가는 지나치게 신경 쓰면서 내면의 요구는 '외면'하는 데 익숙하다. 일의 중요도와 상관없이 다른 사람의 의견을 우선시하고, 문제를 회피하며, 내면의 불만을 표현하지 않는다. 또 자기감정이 무시당하는 것을 당연하게 여기며, 억울함을 감수하고서라도 주변 사람들과의 마찰을 피하려 하고 부탁을 들어주는 데 급급하다.

솔직히 언제나 자유롭게 살고, 언제든 'No'라고 말해도 마음의 부담을 느끼지 않는 사람이 정말 부럽지 않은가? 그들은 자신을 억누르지 않기에 진정성을 가지고 인생을 살아가며, 자신의 성격을 싫어하는 사람이 있더라도 전혀 개의치 않는다. 반면 우리는 '환영받아야 한다'라는 틀에 갇혀 자기 내면을 꼭꼭 감추어 버리곤 한다.

우리가 꼭 알아야 하는 중요한 사실이 있다. 바로 자신을 사랑하고 존중하는 것과 타인을 존중하는 것이 서로 모순되지 않는다는 것이다. 올바른 상호 작용 관계는 상호 존중을 바탕으로 형성된다. 상대방의 요청을 거절했다고 해서 당신을 싫어한다면, 그는 당신을 존중하지 않는 것이다.

자기를 좋아하는 것은 심리학적으로 '자기 수용'과 '자기 돌봄'

에 속하며, 자신을 좋아하지 않는 것은 자기 수용을 거부하고 무시하는 행위다. 내가 겪은 여러 사례와 최신 심리학연구 결과를 통해 자신을 좋아하지 않는 사람은 자기 수용이 부족하고, 행위도 분열되어 있다는 사실을 알 수 있다.[61]

아무 결점 없이 다른 사람의 호감을 사려는 행동에 상처를 입는 대상은 결국 자기 자신이다. 자신을 수용하지 못하는 행위는 자신의 내면과 싸우는 것이라, 얇은 밧줄 위를 걷는 것처럼 매 순간 타인에 의해 흔들릴 뿐만 아니라 자기 내면의 불확실성도 증폭된다. 진정한 자기 수용과 자기 돌봄은 자신에 대한 충분한 포용력과 고마움을 가지는 것이며, 자신의 희생을 소중히 여기고 그 노력에 더 큰 격려를 보낼 줄 알아야 한다. 무엇보다도 우리가 어떤 상태로 어디에 있든 사랑받고 존중받아 마땅한 존재라는 사실을, 그리고 진심 어린 자기 돌봄으로 심리 문제를 극복할 수 있다는 사실을 알아야만 한다.[62]

사람들은 거절이 두려워서, 배척이 두려워서, 자신의 부족함을 들킬까 봐, 다른 사람이 좋아하지 않을까 봐 등의 여러 가지 이유로 자신을 좋아하지 않고 수용하지 않는다. 그런데 자기 수용에는 아무런 조건이나 이유가 필요하지 않다.

칼 로저스는 "우리는 언제든, 무조건 자신을 사랑할 수 있다."[63]

Ch. 4_ 진심으로 자신을 사랑하는 법 배우기

라고 말했다. 이러한 신념은 우리가 인생의 여러 도전과 상처를 겪거나 절망하는 순간, 추위를 막아주는 담요처럼 우리를 감싸며 난관을 하나씩 헤쳐나가게 한다.

언제 어디서든 당신은 가장 소중하고, 세상에 오직 하나뿐인 보물이라는 사실을 부디 명심하길 바란다.

마지막 상담에서 그녀가 내게 말했다.

"새 일자리를 찾았어요. 이번에는 제 감정을 최우선으로 삼을 거예요. 저 자신이 조금씩 좋아지고 있으니까요."

이것이 심리상담의 힘이다. 자신을 사랑하는 길은 여러 가지 어려움이 있는 만만치 않은 여정이다. 그러나 선택권은 당신 손에 쥐어져 있고, 변화는 언제 시작해도 절대 늦지 않다. 그리고 바로 지금이, 자기 자신을 사랑하기 가장 좋은 시간이다.

어떤 습관이든 처음에 몸에 익히는 과정이 제일 힘들 듯, 자신을 사랑하는 것도 마찬가지다.

다음의 Dr. Yin의 심리상담 TIP을 통해 자신을 더 잘 느끼고, 인지하고, 수용하고, 아끼고, 좋아하고, 사랑하는 방법을 알아보자.

잠시 쉬어 가세요, 런던의 심리상담실

- 자기 내면의 감정을 자각하는 방법을 배우세요. 당신의 생각, 느낌, 동기, 반응 등은 당신에게 매우 중요하답니다.

- 거절하는 법을 배우세요. 이것은 자기 인지에 가장 중요한 단계입니다. 자신에게 선택권이 있다는 점을 항상 명심하고 이해하는 것이 중요합니다. 타인의 요청에 분명하게 "아니요."라고 말해도 괜찮습니다. 단호하게 거절하는 법을 모른다면 미소를 지으며 고개를 저어보세요. 누구에게나 자신의 속마음을 따라갈 권리가 있으니까요.

- 어릴 때부터 조금씩 자신을 긍정해야 합니다. 자기 비하와 자기 부정은 당신을 더 멀리, 더 빨리 갈 수 없게 만듭니다. 희망과 긍정적인 태도만이 당신을 더 멀리 데려다줍니다. 시선을 자신에게로 다시 돌리면 자신이 최고의 영웅임을 발견할 수 있습니다.

- 자기 시간을 지키세요. 자기 시간에 대한 개념을 확립하고, 정확한 경계를 설정해야 합니다. 다른 사람을 도와줄 수는 있습니다. 다만 남들에게 잘 보이기 위해 무조건 도와주기보다, 자신을 먼저 챙기고 즐길 시간을 확보하는 것이 중요합니다. 다른 사람의 요청을 들어줄 때는 우선 상대방에게 "그 일을 도와줄 수는 있는데,

내가 정말 바빠서 1시간밖에 틈이 안 나."라는 식으로 정확한 시간을 정해서 말해 보세요. 이렇게 하면 자신의 에너지도 지키고 상대방의 기대치를 줄일 수 있을 뿐만 아니라, 당신의 시간이 소중하다는 점을 상기시킬 수도 있답니다.

- 자신을 용서할 줄 알아야 합니다. "난 제대로 할 줄 아는 게 하나도 없어, 또 실수했잖아."처럼 자신에게 너무 가혹한 말투는 최대한 삼가야 합니다. 실수는 성장 중인 당신에게 소중한 학습과 성장의 기회를 동반하기 때문입니다.

- '건설적인 의견'과 '악의적인 비판'의 차이점을 구분하세요. 내가 힘들어하는 모습을 보고도 못 본 척하는 사람, 내 의견에 귀 기울이지 않는 사람, 장시간 나를 억누른 사람들과 왕래를 지양하며 최대한 거리를 두세요. 지금 자신에게 줄 최고의 선물은 바로 자신을 사랑하는 법을 배우는 것입니다. 이와 관련해 사회심리학자 브레네 브라운Brené Brown 박사는 "자기 인생에서 꿋꿋하게 자신을 사랑하는 것은 자신을 위해 할 수 있는 가장 용감한 일이다."라고 했습니다.

잠시 쉬어 가세요, 런던의 심리상담실

자기 연민으로
자신을 옭아매지 마라

강제 야근, 갑작스러운 해고, 사랑하는 연인과의 이별…. 누구나 이런 상황을 한 번쯤 겪어보았을 것이다. 그리고 이런 순간 우리는 세상에서 자신이 제일 불쌍하다고 느낀다.

"자신을 놀라지 않게, 힘들지 않게, 이곳저곳 떠돌지 않게, 의지할 곳이 없게 하지 마라."라는 말이 있을 만큼 누구나 안정적이고 평안한 생활을 바란다. 그런데 안전한 온실 속에서만 생활하면 우리의 자아는 과연 어떤 모습으로 자라날까?

마흔을 조금 넘긴 내담자가 있었다. 상담실을 들어서는 그녀의 모습은 전체적으로 아주 피폐해 보였다. 그녀가 내게 건넨 첫마디는 이것이었다.

"완전히 실패했어요."

"무슨 일에 실패했다는 거죠?"

"제 나이가 올해로 마흔둘이에요. 그런데 아직 온전한 가정도 없고, 아이도 없죠. 저는 정말 가정을 꾸리고 싶었어요. 이런 소망 하나 이루지 못한 제가 실패자가 아니면 뭐겠어요? 엄마가 될 기회도 이제는 없고요."

그녀는 말을 마치자마자 눈물을 흘렸다.

"엄마가 되고 싶으셨군요, 선생님께는 매우 중요한 일이었던 거죠?"

나는 그녀가 자기 내면의 깊은 곳으로 향할 수 있게 도와주었다. 그녀가 단호하게 말했다.

"맞아요. 어릴 때 저는 이집 저집 전전하며 살았어요. 그래서 최고의 엄마가 되어 어린 시절에 느꼈던 아쉬움을 보상해 주고 싶었죠. 몇 년 동안 열심히 일해서 안정적이고 성취감을 느끼는 직장도 가졌어요. 그런데 제 생체시계는 저를 기다려주지 않네요. 지난 2년간 계속 소개팅을 했고, 진심을 다해 마음을 주었는데 오히려 남자한테 사기만 당했죠. 배우자에 대한 기준을 낮췄는데도 결과는 항상 실망으로 끝났고, 이제 제겐 절망밖에 남지 않았어요."

일련의 충격으로 그녀는 자신을 원망하고 모든 대인관계에 흥미를 잃어버렸다. 그녀는 마음속 깊이 '자신은 불행하고, 자기 인생은 바뀔 수 없다'고 좌절하고 있었다. 매주 화사하게 꾸미고 데이트를 나가던 그녀는 점차 외출을 꺼리는 성격으로 바뀌었고, 항상 잠옷을 입고 포도주와 아이스크림을 끌어안고 시간을 보냈다. 그렇게 한 주, 또 한 주가 지나는 동안 몸에는 살집이 붙었고, 그녀는 그런 자기 모습에 비참함을 느끼기 시작했다. 그리고 이제는 출근도 하기 힘들 정도가 되어 도움을 구하러 온 것이었다.

내가 물었다.

"혼자 주말을 보내는 동안 무슨 생각을 하셨나요?"

"제가 너무 불쌍했어요. 결혼해서 가정을 꾸린 친구들은 주말을 쓸쓸하게 혼자 보내지는 않을 테니까요. 그 친구들은 아이를 데리고 공원에 가거나, 영화관에 데이트하러 갔겠죠? 아무래도 반려동물도 없는 저와는 다를 거예요. 저는 맨날 혼자 술을 마시면서 울어요. 제 짝도 하나 못 찾는 제가 너무 불행해 보여서요. 이제는 체념한 상태예요. 이미 너무 늙고 못생긴 데다 뚱뚱해져 버렸으니까요. 이번 생은 완전히 망했어요. 무엇보다 정신적으로 힘드니까 점점 더 알코올에 의존하게 돼요. 원래는 주말에만 가끔 마셨는데, 이젠 평일에 퇴근하고 나서도 빨리 잠들어버렸으면 좋겠다는 생각에 한 병씩 마시고 자요. 그 상태로 다음 날 출근하면 업무를 제대로 볼 수가 없어요. 얼마 전에 계속 이런 식이면 다음번 퇴사자 명단에 제 이름이 있을 거라고 상사한테 경고도 받았어요. 제 사정은 하나도 안 봐주는 거죠. 너무 불공평하지 않나요? 직장마저 잃으면 어떻게 살아갈지 더 막막해요."

여기까지 말한 그녀는 또 눈물을 훔쳤다. 나는 티슈를 건네며 이렇게 말했다.

"혹시 아시나요? 지금 하시는 생각은 자기 연민의 일종이에요. 지나친 자기 연민 때문에 모든 에너지가 소진돼서 사고할 능력을 잃어버린 거죠. 힘드신 건 분명해요. 그런데 지금 하시는 것들에는 성장과 변화의 요소가 전혀 없는데, 어디서부터 변화가 시작될 수 있겠어요? 마음속 자기 연민의 감정을 제대로 이해하거나 소화하지 않으면 대뇌는 다른 영양분을 흡수할 수 없게 돼요. 이런 부정적인 감정은 질적 변화를 가져오지 못하고, 선생님을 도와줄 수도 없죠. 오히려 감정이 누적해서 쌓이는 양적 변화만 일으켜 사고의 범위를 점점 좁혀가죠."

심리학적으로 자기 연민이 초래하는 부정적인 영향은 크게 네 가지가 있다.[64]

첫째, 자기 연민이 지나치면 자신을 감정에 가두게 된다. 자기 연민은 우리가 인생의 목표를 보지 못하도록 높은 벽을 만들어 자신의 과거를 극복하지 못하고 실망과 무기력 상태에 빠지게 한다.

이번 사례에서 내담자는 자신에게 미래가 없다고 여겼다. 이미 인생을 허비했기 때문에 가정을 꾸리거나 아이를 가질 기회가 없다고 생각한 것이다. 그러나 그녀는 이를 모두 과거형으로 표현했다는 점에 주목할 필요가 있다. 과거는 바뀌지 않는다. 그녀가 계속 과거의 굴레에 갇혀 있으면, 어떤 노력도 헛수고로 끝나고 말 것이다.

과거에 소개팅에 실패했다는 이유로 그녀는 소개팅에 대한 열의를 잃었다. 지금의 그녀가 이런 반응을 보이는 것은 극히 정상이다. 그러나 노력이란 게 과연 성공만을 얻기 위해서일까? 또 남들의 의견을 자신의 원동력과 동일시할 필요가 있을까? 소개팅에는 실패했지만, 그 과정에서 그녀는 정말 일말의 즐거움도 느끼지 못했을까? 상담 과정에서 그녀 스스로 생각하도록 던진 질문이다.

둘째, 자기 연민은 끊임없는 비교를 야기한다. 사랑을 비교하는 행동은 끔찍한 감정을 유발하는 직접적인 원인이 되기도 한다. 이번 사례의 내담자는 다른 이의 즐거운 모습만을 보고, 그 모습이 그들 삶의 일부라는 사실은 잊어버렸다. 엄마가 되는 일도 마찬가지다. 자녀를 양육할 때 웃을 일만 생기는 것은 아니다. 부모라는 막대한 책임을 짊어진 채 온전한 자신만의 시간은 전혀 없이 온종일 빽빽 울어대는 아이를 돌봐야 한다. 배우자와도 늘 즐거울 순 없다. 좋은 감정을 유지하려면 서로 부단히 타협하고 적응해야만 한다. 두 사람이 함께하는 것이 오히려 서로를 괴롭힌다는 이야기, 많이 들어보지 않았는가?

셋째, 자기 연민은 자기 성찰을 방해한다. 자신을 가엽게 여기면 스스로 굉장히 특별한 존재라는 생각이 든다. 물론, 우리가 특별한 존재인 건 사실이다. 그러나 어떤 순간의 고통스러운 경험은 인생 전체를 놓고 봤을 때 그렇게 중요하지 않은 경우가 많다. 더욱이 이런 고통을 '나'만 겪는다고 느끼면 세상에 나를 이해해 줄 사람이 없다는 생각에 자신을 가둔 채 외부의 도움을 구하지 않게 된다.

소설가 레프 톨스토이Lev Tolstoy는 "행복한 가정은 대체로 비슷한 행복을 겪고, 불행한 가정은 각기 다른 불행을 겪는다."[65]고 말했다. 하지만 심리학적인 측면에서 보면 사람이 고통을 겪는 원인은 대부분 자신을 가두는 데서 비롯한다는 유사점이 있다.

넷째, 자기 연민은 자칫 자기감정의 납치범이 될 수 있다. '이것 봐, 난 벌써 이렇게나 불쌍하잖아. 그러니 세상이 날 더 이해하고 배려해 줘야 하는 거 아니야?' 그러다 세상이 자신을 배려하지 않는다고 느끼면 자기 연민에 빠진 사람은 '나는 힘드니까 약속을 지키지 않아도 돼! 네가 고통스러워하는 나한테 맞춰줘야지!'라는 식으로 분노를 드러낸다.

내담자의 호소를 듣는 동안 나는 그녀의 원망 때문에 주변 친구들도 점차 떠나갔다는 사실을 알게 되었다.

내가 말했다.

"지금의 곤경을 벗어나고 싶다면, 자기 인생이 여전히 자신의 손에 달렸다는 점을 명심하셔야 해요. 혼자서도 충분히 즐거움을 찾을 수 있어요. 그런데 계속 이렇게 자기 연민에 빠져있으면 이 난관을 타개할 힘이 점점 줄어들고 말아요."

　상담이 끝난 후 그녀는 조금씩 변화해 갔다. 운동을 시작하고, 술을 줄였으며, 일에도 열중했다. 또 데이트를 즐기면서도 싱글 라이프를 만끽하는 등의 노력을 통해 변화를 이루어냈다.
　자기 연민은 자기애와 전혀 다른 개념이다.
　그렇다면 진정한 자기애는 무엇일까?

　심리학에서 말하는 자기애는 자기 존중, 자기 수용 그리고 자기 용서의 세 가지를 포함하는 개념이다.
　당신의 노력·장점·끈기는 자기 내면의 존중이 필요하고, 시도·타협·곤경은 자기 내면의 수용이 필요하며, 고통·포기·실패는 자기 용서가 필요하다. 자신에게 가장 좋은 친구는 바로 자기 자신이다. 그러니 다른 사람이 자신에게 귀 기울이고, 올바르게 돌봐주기를 기다리는 대신, 스스로 내면의 소리를 경청하고, 올바르게 돌보고 대해주어야 한다.

　자기애는 매우 큰 주제이자 우리가 평생 학습하도록 노력해야 하는 과목 중 하나다.

● 남들과 비교하는 것을 그만두세요. 남들에게서 시선을 거두지 않으면 자신만의 빛을 찾기가 어려워집니다.

● 노력의 결과가 아닌 노력의 과정에 주목하세요. 예를 들어 낭송대회에 나가면, 상을 못 받아도 무대에 오를 때의 긴장감을 극복하기 위해 했던 노력은 칭찬받아 마땅하겠죠? 결과에 연연하지 말고, 난관을 극복하는 과정을 즐기도록 노력해 보세요. 이것이야말로 당신을 달리게 하는 원동력이 되니까요.

● 진실한 자신을 마주하는 방법을 배우세요. 종일 맨얼굴로 있다든가, 내면의 나약한 생각을 써놓고 "이런 나지만, 나는 나 자신을 받아들일 수 있어."라고 말해 보세요. 아마 처음에는 힘들겠지만, 그래도 괜찮아요. 천천히 시도해 보세요.

결혼의 '궁극적인 미션'은
무엇일까?

'나쁜 남자는 어떻게 구별하나요?', '배우자로 가장 적합한 MBTI는 무엇인가요?', '결혼 상대로 어떤 사람이 가장 인기 있나요?'와 같은 주제가 최근 젊은이들 사이에 화제가 되고 있다. 물론 이는 예전부터 관심이 끊이지 않는 화제이기도 하다.

물질적인 생활 수준이 제고되면서 결혼과 연애 조건도 자연스럽게 늘어났다. 누구나 결혼과 연애 생활을 통해 자기감정의 궁극적인 가치를 찾고, 안정적인 생활을 영위하기를 꿈꾼다. 그런데 어떤 배우자가 '이상적인' 배우자일까? 이 질문의 답을 찾기 위해선 자기 자신을 이해하는 것부터 출발해야 한다.

심리학적으로 사람은 자기 자신과 닮은 사람과 사랑에 빠진다고들 한다. 그러니 자신을 정확하게 인지하는 것이 결혼의 '궁극적인 미션'일 것이며, 자신을 제대로 이해해야만 자기감정에 가장 필요한 것이 무엇인지 알 수 있다.

10년에 달하는 결혼생활에 종지부를 찍고 우울증에 빠져 나를 찾아온 내담자가 있었다. 상담실에 들어서는 그녀는 붉은색으로 화사하게 차려입었지만, 창백하고 초췌한 얼굴을 가릴 수는 없었다. 그녀가 말했다.

"박사님, 어제 이혼동의서에 사인했어요. 사인하는 그 순간에는 홀가분하고 해방이라는 기분까지 들었는데, 조금 지나니까 마음이 너무 슬프더라고요. 남은 두 아이 때문에 슬프고, 저의 실패 때문에 또 슬프고…"

"본인의 실패 때문에 슬프다고요? 혹시 큰 노력을 기울였는데도 결혼생활이 끝나버렸다는 뜻으로 받아들여도 될까요?"

"어느 정도는요. 사실 저희 부모님도 이혼하셨거든요. 이혼가정에서 자라다 보니 어릴 때부터 두 분이 싸우는 모습을 많이 보기도 했고, 두 분이 꾸린 새로운 가정에 적응도 해야 했죠. 그래서 사춘기도 힘들게 보냈어요. 언제나 진짜 가족은 없다는 생각이 있었고, 그때부터 나중에 결혼하면 절대 이혼만은 안 할 거라고, 내 아이에게는 절대 이런 고통을 안겨주지 않겠다고 결심했어요. 그런데 지금 제 상황을 좀 보세요. 완전히 실패하고 말았어요."

"정말 심적으로 너무 힘드시겠어요. 결혼생활에 대해서 자세히 말씀해 주시겠어요? 그러면 결혼생활이 그렇게 힘들었던 이유를 같이 찾아볼 수 있을 텐데요."

내 맞은편 의자에 깊이 파고들어 앉은 그녀는 과거를 회상하며 깊은 생각에 잠긴 뒤 힘겹게 입을 열었다.

"12년 전, 저희가 처음 만났을 때 그는 굉장히 진중한 느낌이었어요. 말수는 적었지만 만나보니 직장도 안정적이고 책임감이 강하더라고요. 사실 아버지가 알코올 중독이라 제대로 가정을 돌보지 않았었거든요. 그게 제게 남겨진 가장 큰 그림자였죠. 남편을 만난 게 제게는 하늘에서 내려준 선물 같았어요. 저에게 가족의 따뜻함을 느끼게 해 줬거든요. 그래서 연애를 시작한 지 얼마 되지도 않는데 결혼을 결심했어요."

심리학 연구에 따르면 사람은 배우자를 선택할 때 무의식적으로 자신의 부모를 기준으로 상대를 선택하는 경우가 많다고 한다. 충분한 사랑을 받은 사람은 배우자도 따뜻하고 긍정적인 사람을 선택하는 반면, 원가족이 두려움의 대상이었던 사람은 무의식적으로 자신의 잃어버린 어린 시절을 보상해 줄 것 같은 배우자 유형을 고른다는 것이다.

지그문트 프로이트가 제시한 오이디푸스 콤플렉스Oedipus complex(남아가 어머니에게 성적 애착을 느끼고, 아버지는 경쟁상대로 여기는 의식 상태_역주)와 엘렉트라 콤플렉스Electra complex(여아가 아버지에게 성적 애착을 느끼고, 어머니는 경쟁상대로 여기는 의식 상태_역주) 개념이 이를 간접적으로 증명한다.[66]

사람들이 이런 경향을 보이는 까닭은 무엇일까? 바로 우리에게 처음 사랑을 주거나 상처를 주는 상대가 바로 부모이기 때문이다. 이런 감정은 반려자를 찾을 때 나침반이 되어 앞으로의 감정생활에 대한 대략적인 방향성을 잡아 준다.

그런데 문제는 '이 나침반이 정확한가' 하는 것이다. 이 나침반이 과연 우리가 바라는 귀속지를 찾아줄 수 있을까?

내담자가 말했다.

"한때는 그렇게 생각했어요. 제 아버지와 성격이나 생활 습관이 전혀 다른 사람을 만나면 행복을 얻고 완벽한 결혼생활을 할 수 있을 거라고요. 너무 쉽게 생각했던 거죠. 전 남편은 아버지 같은 나쁜 습관은 없었어요. 그런데 그게 제가 찾던 이상적인 배우자라는 뜻은 아니더라고요. 예를 들어, 결혼 전에는 말수가 없는 게 진중해 보였는데, 결혼하고 나니까 말수가 없어서 소통이 안 되다 보니 정신적 폭력이 느껴졌어요. 그 사람은 여러 가지 일에 대해 저와 소통이나 논의하기를 거부했어요. 이렇게 냉전을 겪고 감정적으로 배척당하다 보니 제가 히스테리를 부리기 시작한 것 같아요. 한번은 냉전 직후에 또 그 사람과 크게 말싸움을 벌였어요. 그러다 발작하는 것처럼 포효하는 제 모습을 거울로 보고 말았죠. 흡사 아버지가 술 먹고 행패를 부리던 모습 같았어요. 그래서 깨달았죠. 내 결혼생활이 내가 제일 혐오했던 모습으로 전락해 버렸구나. 그래서 이혼을 결심한 거예요."

"그런 깨달음을 얻기도 쉽지는 않죠."

사람은 왜 감정적 위로가 필요하고, 결혼을 위안의 도구로 삼으려 할까? 그것은 바로 자기 마음의 집을 짓기 위해서다. 하지만 '새로운 집'을 짓기 위해서는 '예전 집'에서 봐왔던 그림자는 최대한 회피해야 한다.

자기를 사랑하는 마음이 있다면, 다른 사람을 사랑할 능력도 있다는 뜻이다. 반대로 자신을 싫어하면 다른 사람을 진심으로 받아들이지 못한다. 그래서 다른 사람은 우리 마음의 거울이나 마찬가지로 여겨진다.

"아직 원가족의 그림자가 진하게 남아있군요. 일부러 원가족의 '영향'을 거부했다면, 그 이면에는 무의식적으로 자신을 거부했을 가능성도 있겠네요. 선생님이 보시기에, 자신은 자기를 사랑하는 사람인가요?"

감정에는 '나침반'이란 개념이 없다. 아버지의 성격에 상반되는 사람을 선택한 이면 속 그녀의 바람은 '안전감'이었지만, 남편이 준 '안전감'은 안정적이지 않았을 수도 있다.

그녀가 긴 한숨을 쉬었다.

"10년간의 결혼생활 끝에 배운 걸 굳이 꼽자면, '아버지와 반대되는 사람을 찾는 게 반드시 나를 즐겁게 해준다는 보장은 없다, 나의 즐거움은 스스로 찾아내야 한다.'라는 말을 이해하게 되었다는 거예요."

"그럼 완전히 실패한 건 아닌 것 같은데요? 결혼도 경험했고,

배운 것도 있었잖아요. 결혼생활을 주유소였다고 생각하는 건 어떨까요? 감정의 주유소요. 자신을 찾고 더 나은 방향으로 나아가기 위해 잠깐 멈춘 거잖아요?"

인생의 모든 것은 우리의 성장을 도와주기 위해 존재한다.

"맞아요. 먼저 저 자신을 치유하고 사랑하는 법을 배우고 싶어요. 제일 중요한 거니까요."

그녀가 감탄하며 말했다.
이어진 상담 시간 동안 우리는 그녀가 품은 가족에 대한 갈망을 함께 탐색하고, 자신을 받아들이는 방법을 고민했다. 내가 물었다.

"제게 마법이 있어서 원가족으로부터 받은 상처를 지워드릴 수 있다면, 어떤 사람이 되고 싶으세요?"

물론 내게 마법은 없지만, 상담에서 이런 질문을 통해 종종 내담자의 진심을 들을 수도 있다.
한참을 고심하던 그녀의 얼굴에 문득 미소가 피어났다.

"쾌활하고 언제든 크게 웃을 수 있는 사람이요. 보수적이고 안전한 선택이 아닌 모험을 선택할 수 있는 사람이요."

"크게 웃으며 모험을 하는 사람이요? 지금도 충분히 할 수 있어요. 진정한 자신이 되는 건 언제 시작해도 늦지 않으니까요."

나도 미소로 답했다.

우리는 그녀의 우울증이 호전되는 모습을 함께 목도했다. 그녀는 새로운 이성을 만나기 시작했다. 그새 그녀가 바라는 최고의 이상형은 밝은 성격과 유머 감각을 가진 사람으로 바뀌어 있었다. 그녀는 싸움을 피하기 위한 가장 안전한 선택이 아니라 내면의 진정한 욕구에서 우러난 결정을 내렸다.

내면의 진정한 지향점만이 당신을 더 넓은 바다로 항해시켜 줄 수 있다. 결혼은 인생에서 가장 중요한 주제로, 용기와 시행착오 그리고 약간의 행운이 필요하다. 그러나 무엇보다 중요한 것은 제일 먼저 자신을 사랑해야 한다는 사실이다.

"자신을 사랑해야 다른 사람도 사랑할 수 있다."라는 말이 있다. 모든 관계 속에서 우리는 독립성, 특히 독립적 사고력을 지켜야만 한다. 서로를 존중하고, 언제나 상대방의 입장에서 생각하고, 같은 관심사를 가지고, 현재의 즐거움을 소중히 여기며, 서로에게 상냥하며 선을 지키는 행동은 어떤 관계에서든 유리하게 작용한다.

결혼은 자신을 이해하는 것부터 출발해야 한다. 부모는 선택할 수 없지만, 결혼은 우리 스스로 결정할 수 있다. 원가족의 영향이 여전히 방향성을 가지겠지만, 진정한 나침반은 우리 스스로 만들어야 하는 것이다.

무엇이든 자신에게 맞는 것이 가장 좋다. 다만 자신에게 잘 맞는 게 무엇인지, 자신이 정말 바라는 게 무엇인지는 인생을 통해 알아내야 하는 도전 과제다. 그렇게 자기 내면을 똑바로 알게 되면, 더 또렷한 안목과 편안한 마음을 가질 수 있다.

- '결혼하면 바뀌겠지.'라는 마음가짐으로 결혼생활을 시작하지 마세요. 우리에게는 다른 사람을 바꿀만한 능력이 없습니다. '변화'란 본인의 주도성이 필요하기 때문이죠. 대신 '당신과 결혼해서 다행이다.'라는 마음가짐을 가져보세요. 그러면 정반대의 결과를 맞이할 수 있을 겁니다.

- 스트레스에 대한 저항력이 높고, 스스로 즐길 줄 아는 상대를 선택하세요. 상대방도 당신이 그(그녀)를 원가족의 늪에서 구해주기를 바라고 있다면, 서로에게 부담감만 쌓일 것입니다. '인생'이란 살수록 쉬워지는 여정이 아닙니다. 특히 결혼 이후 나이가 들면서 개인의 스트레스도 점차 증가하는데, 이때 즐거움을 본인 스스로 찾을 줄 아는 것이 중요합니다. 좌절을 겪을 때, 상대방이 적극적으로 나서서 위로해주기를 기다리나요? 아니면 스스로 좌절의 원인을 분석하고 희망을 찾으려 하나요? 상대방이 바쁠 때 그의 무관심을 원망하나요? 아니면 혼자만의 시간을 즐기는 편인가요? 가족, 친구, 연인 등 당신을 사랑하는 사람이 아무리 많아도 자신을 즐겁게 해줄 수 있는 건 결국 자기 자신밖에 없을지도 모릅니다. 특히 돈과 즐거움은 절대적인 관계가 아니라는 걸 명심하세요.

● 서로의 가정이 가진 가치관 차이를 주의해야 합니다. 결혼은 두 사람의 결합만이 아니라 두 가정 그리고 두 가족의 만남이기 때문입니다. 지금도 원가족과 '복잡하지만 끊어낼 수 없는 관계'를 유지하는 가정이 대부분으로, 양가 어른들의 지나친 간섭을 막아낼 수 있는 가정은 거의 찾아보기 힘들죠. 아무리 힘들어도 원가족과의 명확한 선을 정해야만 자신만의 새로운 가정을 올바르게 지켜나갈 수 있습니다.

서로 다른 애착 관계로 상처 주는 부부

이해하지 못해 사랑하고,
이해하기에 헤어진다

겨울비가 내리는 우중충한 날씨와 숨 막히는 상담실 분위기가 꼭 닮은 날이었다. 오늘의 내담자는 결혼생활에서 소통이 원활하지 않아 상담을 받으러 온 한 부부였다.

부인은 남편이 어떻게 자신과의 대화를 거부하는지 성토하며 격앙된 모습을 보여주었다. 반대로 남편은 이런 상황을 하도 겪어서 이미 익숙해진 듯, 미동도 없이 무표정한 얼굴로 일관하는 모습이 상담에 건성으로 임하는 느낌을 주었다. 부부 상담에서는 과도하게 불만을 토로하는 한쪽을 진정시키는 한편, 침묵으로 일관하는 한쪽에게는 속마음을 얘기해달라고 타일러야 한다. 나도 경험이 쌓이다 보니 가끔은 심판관이 된 것 같은 기분이 들 때도 있다. 이런 상황에서 나는 보통 각각 3분씩 말할 기회를 부여하고, 상대방에게 자신의 의견을 피력할 기회를 주기도 한다. 두 사람 사이의 감정 문제는 한 사람만의 문제가 아니기 때문이다.

이 부부는 결혼 10년 차로, 쾌활한 성격의 부인과 성숙하고 진중한 남편이 서로의 성격에 반해 연애 기간을 1년도 채우지 않고 바로 결혼에 골인했다. 얼마 지나지 않아 부부에게는 두 아이가 생겼고, 달콤하고 로맨틱해야 할 신혼이 정신없는 양육의 시간으로 변하는 데는 불과 3년이 채 걸리지 않았다.

이들의 대화를 살펴보면 여러분도 어딘가 친숙한 느낌을 받을지 모르겠다.

부인이 잔뜩 화가 나서 이야기를 한다.

"왜 제대로 말을 안 하는 건데? 당신만 바쁘고, 난 안 바빠? 일 핑계만 댈 줄 알았지, 당신이 애들을 제대로 본 적이나 있어? 맨날 내 말을 무시하는 것도 명백한 감정 폭력이야!"

이에 남편도 지친 듯이 대꾸한다.

"내가 무슨 말을 하든, 어차피 당신이 생각하는 나는 그런 사람이잖아? 맨날 퇴근해서 집에 와도 당신은 싸울 생각뿐이지? 나도 정말 피곤하다고."

"그건 당신이 우리 문제를 한 번도 제대로 생각한 적이 없으니까 그런 거지! 내가 당신이랑 잘 얘기해 보려고 하면, 맨날 일이 많아서 피곤하다며 날 등한시했잖아! 내 감정은 눈곱만큼도 생각 안 한 거라고!"

"그래, 당신이 생각 안 한 거라고 하면, 안 한 거겠지. 어차피 내가 당신 생각을 바꿀 수도 없잖아? 마음대로 해, 당신 바가지 긁는 소리도 이제 지겨우니까."

부부의 소통 방식은 아예 다른 주파수로 이루어지고 있었다.

부인이 바라는 것은 우리가 일반적으로 말하는 감정의 가치, 즉 '경청과 이해'지만, 남편은 그럴 능력도, 의사도 없다는 태도로 일관했다. 그렇게 10년 동안 이들은 서로를 갉아먹으며 마지막 열정 한 방울마저 소진해 버렸다.

이 부부가 이런 상황까지 오게 된 이유는 무엇일까? 이들 각자의 성장 배경을 살펴보면 그 이유를 알 수 있다. 나는 항상 심리 상담이 대형 퍼즐 맞추기라고 생각해 왔다. 성장 과정과 삶의 조각을 하나씩 모아 마음 지도를 만들다 보면 대부분은 그 사람이 가진 감정 패턴의 연결고리를 찾을 수 있기 때문이다.

이 부부가 서로 다른 성격을 가지고 지금의 갈등을 겪게 된 데도 각자만의 이유가 있었다.

부인은 비교적 안전하고 따뜻한 가정에서 자랐다. 그녀는 안정적이며 온화한 대화를 나누는 부모의 모습을 통해 부부간의 일상 대화가 중요하다고 생각하며 성장했다.

반면, 남편은 불안하고 혼란스러운 환경에서 자랐다. 부모는 일찍 이혼하고 각자 새로운 가정을 꾸렸고, 그는 두 가정 사이에서 진짜 가족으로 받아들여지지 못한 채 겉돌았다. 그가 성숙하고 침착하게 행동했던 것도 이런 이유에서였다. 감정을 마음껏 드러낼 자격이 없다고 여긴 그는 진심을 억누르는 데에 익숙했다.

그렇다면 이 행동의 차이는 심리학적으로 어떻게 해석할 수 있을까? 이를 위해선 심리학에서 아주 유명하고, 현대 정신분석 이론에서 매우 중요한 위치를 차지하는 '애착 이론'을 먼저 살펴보아야 한다.[67]

"실전에서 진정한 지식을 얻는다."라는 말처럼, 다년간의 상담 경험을 통해 나는 유년 시절이 성장 중인 우리에게 깊은 영향을 남긴다는 사실을 확인할 수 있었다. 애착 이론에 따르면 유아와 어머니(또는 주 양육자) 간의 관계는 앞으로 마주할 친밀한 관계에 대한 태도를 결정한다. 애착 이론은 또 부모와 자녀의 관계를 크게 안전형 애착 관계, 불안형 애착 관계, 회피형 애착 관계, 혼란형 애착 관계로 구분한다.

이 사례의 부인은 '안전형 애착 관계'에 속한다. 안전형 애착 관계는 유아와 어머니(또는 주 양육자)의 관계가 안전하고 양호하다. 자녀는 양육자가 자신의 필요를 알고 돌봐준다는 사실을 인식하기 때문에 버려짐에 대한 두려움이 없고, 부모라는 안전한 '요새' 안에서 안심하고 대담하게 세상을 탐색한다. 이번 사례 속 부인의 성장 환경도 꼭 이랬을 것이다. 그녀는 어린 시절 화목한 가정에서 부모가 긍정적으로 소통하는 모습을 보고 자라온 덕분에 자연스럽게 부부의 원활한 소통이 매우 중요하고, 필수적이라고 인식했다. 그런데 남편과의 냉전이 끝없이 펼쳐지자 결국 인내심을 잃었고, 남편의 회피와 외면에 지쳐갔다.

그렇다면 남편의 성격을 해석하려면 어떤 애착 이론을 적용해야 할까? 남편은 '회피형 애착 관계'에 속한다. 이 유형에서 자녀는 낯선 사람과 양육자에게 동일한 반응을 보인다. 이 유형의 아이는 누가 자신을 데리고 있던지 주변 환경을 탐색하지 않는다. 그리고 이 환경 속에 누가 들어오든 크게 분노하지도 않는다. 이런 유형으로 발전하는 이유는 어머니 또는 주 양육자의 인내심

Ch. 4_ 진심으로 자신을 사랑하는 법 배우기

부족, 자녀에 대해 세심하지 않은 반응, 부정적인 반응, 신체 접촉 거부 등이 주요 원인이다. 회피형 애착 관계가 형성된 유아는 위축된 모습을 주로 보인다. 성인이 된 후에도 비교적 냉담한 성격, 주변에 대한 흥미 부족, 교우 관계의 어려움 등의 문제를 겪으며, 마찰이 생긴 경우에는 대부분 회피, 냉전 또는 침묵과 같은 방식으로 대응한다.

애착 이론을 바탕으로 남편의 성장 환경을 분석하면서 나는 남편이 소통 능력과 소통 의사가 부족한 이유를 대략 이해할 수 있었다. 그는 두 가정 사이를 떠돌며 '외부인'이라는 느낌을 받았고, 그로 인해 다른 사람에게 속마음을 털어놓는 일이 익숙하지 않았다. 특히 따뜻함과 친밀한 감정을 받아본 경험이 부족했다.

그는 상담 중 '소통은 곧 말싸움'이라고 말했다. 나아가 언쟁과 마찰을 싫어하고 혐오한다고도 표현했다. 그래서 대화하자는 부인의 요구가 그에게는 어린 시절 불행했던 기억을 떠올리게 하는 고문처럼 느껴졌다. 심지어 그는 회사에서도 갈등을 피하고자 하기 싫은 일도 억지로 떠안았다. 그는 또한 자신이 가족 부양에 대한 소임을 다 하고 있다고 여기며, 귀가 후에는 '싸움'이 아닌 자신만의 휴식을 기대한다고 했다.

부부 상담에서 상담사의 첫 번째 목표는 서로의 소통 루트를 열어주는 것이다. 두 사람 사이의 소통 루트가 심각하게 단절된 경우, 원활한 소통을 위해 상담사의 개입이 필요하다. 이때 나의 역할은 그들이 안전한 환경에서 아무런 방해 없이 진짜 속마음을 표현할 수 있도록 끌어주고, 서로에게 생각할 시간을 줌으로써 부부 문제의 핵심이 무엇인지 찾도록 도와주는 것이다.

부부 상담에서 내가 사용하는 팁을 살짝 알려주자면, 말이 아닌 글로 소통하게끔 하는 것이다. 자신의 생각을 정리해서 써야 하는 문자는 그만큼 공격성이 덜하고, 서로에게 생각할 여지를 남겨줄 수 있기 때문이다.

상담이 끝난 후 일상으로 돌아간 그들의 결혼생활은 이미 깊이 뿌리내린 성장 환경의 영향에서 벗어나지 못했다. 더욱이 그동안 윤활제 역할을 해 주던 아이들이 자라면서 그 효력을 잃자 결국 여러 차례의 논의 끝에 협의 이혼을 통해 서로를 놓아주기로 했다. 더 이상 가정과 애정이라는 명목으로 서로의 내면을 속박하지 않기로 한 것이다.

상담사는 신이 아니다. 상담사가 할 수 있는 건 단지 소통 방식을 조율하여 그들이 서로의 성장 환경을 이해할 수 있도록 돕는 것뿐이다. 결혼생활의 방향성은 심리상담으로 정할 수 없으며,

변화는 내담자 본인들의 강력한 의지로 끌어내야 한다. 이 부부의 경우, 상대를 향한 인내심이 바닥을 드러낸 데다 성장 환경의 영향이 너무 깊은 탓에 상황을 개선하기가 어려웠다.

당시 상담하면서 내가 깨달은 바를 공유하자면, 부부 상담 끝에 헤어짐을 결정하는 부부는 대체로 서로를 이해하기 때문에 헤어진다는 것이다. 나는 이것 또한 성장과 사랑의 대가라고 생각한다. 사랑은 존중하는 것이며, 서로에게 맞추려 많은 노력을 기울인 후에는 서로 놓아주는 것도 필요하기 때문이다.

이혼은 실패가 아니라 '인생의 새로운 시작'이다.

이렇듯 연애나 결혼을 결정하기 전에 서로의 성장 배경과 소통 방식을 이해하는 것은 매우 중요하다. 결혼하면 상대방을 변화시킬 수 있을 거라는 막연한 기대감을 품는 대신, 지금 보이는 결점을 받아들이고, 서로의 노력에 감사할 수 있는지 신중하게 생각해 보아야 한다.

사랑은 뜨겁지만, 결혼은 지속된다. 사랑해서 하는 결혼이니 상대방을 바꿀 수 있을 거라는 마음가짐은 버려야 한다. 누구나 변화는 내면에서 외면으로 이어져야 하며, 당신의 변화도 당신의 내면에서 비롯해야 한다.

- 결혼을 결정하기 전에 상대에게 솔직한 모습을 보여주세요. 최악의 모습을 받아들이지 못하면 최고의 모습을 누릴 자격도 없습니다.

- 소통 방식은 매우 중요합니다. 상대방이 소통을 회피하거나 거부하는 모습을 보인다면 처음부터 이 관계에 의문을 가져야 합니다.

- 결혼은 서로 도움이 되는 관계가 되어야 합니다. 일방적인 희생은 상대에게 외면당할 수 있습니다.

- 연애를 시작하기 전에 자신을 제대로 사랑하고 이해하시기 바랍니다. 당신은 최고의 사랑을 받을 자격이 충분하니까요.

- 자신과 잘 맞는 사람이 가장 좋습니다. 잘 맞는 사람과 사랑하면 서로 좋지만, 맞지 않는 사람과 어긋난 사랑을 하면 서로에게 상처가 될 뿐입니다.

아무도 피할 수 없는 과정
'죽음'

코로나19로 많은 이의 인생 궤적이 바뀌었다. 나는 사랑하던 어머니를 잃었음에도 그녀의 임종을 지킬 수 없었다. 그때의 안타까움은 아마 평생 잊히지 않을 것이다. 오랜 시간 상담업에 종사하며 나는 가족을 잃은 수많은 내담자를 만나보았고, 상담 중에 "어떤 마음인지 잘 알아요. 사랑하는 사람을 떠나보내야 하는 고통을 저도 이해해요."라는 위로를 건네기도 했다.

그런데 내 가족을 잃는 경험을 하고 나자, 심리상담에서 가장 중요한 부분인 '공감'이라는 것에 대해 의문이 생겼다. 우리는 정말 공감을 할 수 있는 것일까? 상대방의 고통을 정말 깊이 체감할 수 있을까? 만약 그럴 수 없다면, 심리상담의 역할은 과연 무엇일까?

이런 고민을 하자 한 내담자가 떠올랐다. 내가 그녀를 기억하는 이유는 나의 경력을 통틀어 유일하게 내게 투서를 넣은 사람이기 때문이다. 영국의 심리상담은 엄격한 관리·감독하에 있어 내담자가 투서를 올리면 근무 중인 상담실까지 연계 조사를 받을 뿐만 아니라, 영국 심리학자협회에도 공표되어 심리상담사로서 큰 압박과 타격을 입는다.

그날 상담에서 내 앞에 앉아 있던 50세 정도의 중년 여성 내담자가 아직도 또렷이 기억난다. 잿빛 얼굴로 상담실에 들어선 그녀의 모습은 한눈에도 엉망으로 보였다. 그녀는 들어오자마자 예고도 없이 대성통곡하기 시작했다.

"이제 엄마가 없어요."

거대한 슬픔이 몰려와 사무실 전체를 감쌌다. 그 순간, 상담사이자 또 한 사람의 딸인 나는 저 먼 곳에서 병환에 시달리는 어머니가 떠올라 내담자의 슬픔에 함께 휩쓸리고 말았다.

그녀가 눈물을 훔치며 말했다.

Ch. 4_ 진심으로 자신을 사랑하는 법 배우기

"저는 엄마밖에 없고, 엄마도 저밖에 없었어요. 단둘이 서로 의지하며 지금까지 살았고, 한 번도 엄마를 떠나본 적이 없었어요. 줄곧 함께 살고, 거의 매일 함께 저녁을 먹고, 전화도 매일 했어요. 우리는 단순한 모녀가 아니라 서로에게 가장 친한 친구였어요. 저와 엄마는 언제나 함께였어요. 주말에는 차를 타고 근교로 여행을 갔고, 너무 행복했죠. 엄마가 병에 걸려 입원했을 때도 매일 병문안을 다녔어요. 그런데 하필이면 제가 없을 때 엄마가 세상을 떠나고 말았어요. 의사의 전화를 받았을 때, 저는 병원으로 향하던 차 안이었는데 그 소식을 듣고 나서부터는 무슨 정신이었는지 모르겠어요. 일단 차를 갓길에 세우고 택시를 불러 병원으로 달려갔죠. 엄마, 사랑하는 내 엄마가 눈을 감고 숨을 안 쉬고 있었어요. 바로 전날까지만 해도 제게 괜찮을 거라고, 또 여행 가자고 했었단 말이에요. 하늘이 무너지는 기분이었어요."

그때 그녀가 다시 울음을 터트리며 내게 물었다.

"박사님, 앞으로 제 인생에 더 이상의 즐거움은 없을 거예요. 확실해요. 예전에 제가 심리상담을 받을 거라곤 상상도 해 본 적이 없어요. 항상 엄마가 계셨으니까요. 우리는 모든 슬픔과 즐거움을 같이 나누었어요. 이젠 제 이야기를 들어주고 제 고통을 나눠줄 누군가가 절실히 필요해요. 너무 힘들어서 혼자서는 도저히 제대로 생각할 수가 없거든요. 엄마의 마지막 순간에 왜 옆에 있지 않았을까…? 너무 후회돼서 먹고 싶지도, 자고 싶지도, 일도 하기 싫어요. 엄마를 따라 하늘나라에 가고 싶다는 생각도 했어요. 제 삶은 이제 아무런 의미가 없어요. 이런 제 심정이 이해되세요?"

절규에 가까운 그녀의 이야기를 듣는 동안 내 마음도 계속 흔들렸다. 나의 사유는 9천km 멀리 떨어진 상하이上海의 침상에 누워있는 어머니에게로 달려갔다. 어머니를 모시지 못하는 탓에 내면의 고통이 점점 커지더니 내담자에게서 미래의 내 모습이 보이는 듯했다. 결국 내 눈에서도 하염없는 눈물이 흘렀다. 상담사로서 내담자 앞에서 진솔하고 유약한 내 감정을 드러낸 건 그때가 처음이자 마지막이었다.

나는 조용히 눈가에 맺힌 눈물을 닦고 말했다.

"얼마나 상심하셨을지 충분히 알겠어요. 이런 고통이 심장을 조여오는 것처럼 느껴지겠죠. 앞으로 상담에서 우리 같이 그 슬픔에 작은 구멍을 뚫어봐요. 그 틈으로 선생님 마음이 숨 쉴 수 있도록요. 사랑하는 사람은 떠났지만, 그 사람이 준 사랑은 아직 남아있잖아요. 그러니 자기를 더 사랑해 줘야 해요."

이번 상담은 퇴근 후 상담실을 나설 때까지도 슬픔에 잠겨있을 만큼 내겐 큰 도전이었지만, 나는 스스로 최선의 노력을 다했다고 생각했다. 그런데 다음 날 상담실에 출근한 내게 청천벽력 같은 소식이 들렸다. 바로 내 앞으로 투서가 들어왔다는 것이다. 내가 상담 내내 아무것도 안 하고 그녀를 보며 울기만 했다는 내용이었다. 내가 그녀의 고통에 감정 이입하여 마음가짐이 흐트러지고 약한 내면의 모습을 보인 것은 사실이지만, 나의 공감이 전혀 만족스럽지 않다는 피드백이 돌아올 줄은 몰랐다.

이번 타격으로 나는 이 업종에 종사하는 나의 전문성을 의심받았고, 상담실 내부 조사까지 받아야 했다. 나는 어쩔 수 없이 차트의 모든 상담 과정을 정리하여 내부 감찰팀에 제출했다. 상담 비밀 유지 서약은 쌍방이 동시에 준수해야 하는 만큼 내담자가 진료 세부 내용을 언급했을 경우 나도 상담 과정 전체를 진술해야 하기 때문이다.

조사 과정에서 그녀가 나와 상담을 하기 전에 이미 상담실 내 다른 상담사와 한 차례 상담을 진행했다는 사실을 알게 되었다. 그리고 그 상담사도 나와 마찬가지로 단 한 번의 상담만으로 투서를 받았다. 그 상담사는 그녀의 슬픔을 제대로 공감해 주지 않았다는 이유였다. 그렇다. 그녀는 우리 상담실의 모든 직원에게 불만과 적의를 보인 것이었다.

지금 돌이켜 보면 어머니를 여읜 누군가가 주변 사람을 질책하는 등 분노 섞인 행동을 보이는 것은 사랑하는 사람을 잃은 사람에게서 흔히 볼 수 있는 증상이다.

심리학에서는 슬픔을 부정, 분노, 협상, 우울, 수용의 다섯 단계로 나눈다.[68] 이 다섯 단계는 순서에 따라 점진적으로 진행되지 않는다. 사랑하는 사람을 잃은 사람 대부분은 긴 시간 동안 분노와 우울을 겪는다. 이번 내담자도 어머니가 더는 자기 곁에 없다는 사실을 받아들이지 못해 분노를 느꼈고, 자신의 고통을 알아보고 기꺼이 돕고자 하는 상담사를 대상으로 그 분노를 표출한 것이다. 내가 직접 겪었고, 당시 내담자가 보였던 반응을 이해하기 때문에 나는 나의 공감이 틀리지 않았다는 사실을 확신하게 되었다.

그 누구도 죽음을 피할 수 없다. 사랑하는 사람이 세상을 떠나 슬픔을 느끼는 것은 지극히 자연스러운 반응이다. 하지만 가끔 슬픔은 뼈에 사무치는 고통이 되고, 이렇게 깊은 슬픔은 비애, 상실감, 분노, 죄책감, 깊은 그리움과 후회 등 아주 복잡한 감정이 뒤섞여 방향성과 목표를 잃게 만든다.

애도는 또한 살아남은 사람에게 "그 사람이 아니라 내가 죽었어야 해."라는 식의 죄책감을 가져다주기도 한다. 이런 고통에 대한 반응도 사람마다 달라서 자신이 깨달은 점을 나누고 논의하고자 하는 사람이 있는가 하면, 이번 사례의 내담자처럼 '분노'로 대응하는 사람도 있다.

사랑하는 사람을 잃는 고통은 누구도 피해 갈 수 없다. 삶의 모든 소소한 부분이 우리의 상실을 상기시킬 것이기 때문이다. 심장이 찢기는 고통 속에서도 우리는 마음을 위안하는 방법을 찾아야만 한다.

하버드 의대 심리학 교수이자 애도 상담의 대표적 학자인 J. 윌리엄 워든J. William Worden은 사랑하는 사람을 잃은 끝없는 슬픔에서 벗어나고 싶다면 다음의 네 단계를 따라야 한다고 조언했다.[69]

1단계 : 현실 속 상실 인정하기

2단계 : 고통과 분노 이해하기

3단계 : 자기 생활에 집중하기

4단계 : 이미 돌아가신 분과의 소중한 감정적 연결 유지하기

지난 15년간 애도에 관해 연구한 그는 애도가 극한의 고통을 동반하지만, 이를 직면하는 것이 내면의 성장에 도움이 된다고 강조했다.

슬픔이 밀려오면 어떻게 반응해야 할지 모를 때가 많다. 모든 슬픔 중에서도 특히 사랑하는 사람을 잃었을 때 느끼는 애통함은 피할 수 없는 감정이다. 그래서 애도 과정을 더 잘 이해하고 죽음을 직시할 줄 알아야만 한다. 물론 그런 일이 생기지 않기를 바라지만, 만약 그런 불행이 닥친다면 그 슬픔이 여러분의 성장에 도움이 되기를 바란다.

사랑했기에 고통스럽고, 사랑했기에 잊을 수 없다. 우리가 사랑했던 사람은 어쩌면 다른 방식으로 우리의 그리움 속에서 살아가는 것일지도 모른다. 지금의 고통이 시간에 의해 서서히 씻기고 옅어지면 남는 건 사랑과 그리움이다. 그리고 사랑과 그리움은 횃불과 씨앗처럼 세대를 걸쳐 우리의 내면을 밝혀줄 것이다.

마지막 Dr. Yin의 심리상담 TIP은 죽음과 상실에 관한 조언을 전한다. 삶은 유한하며 누구에게든 이 법칙은 동일하게 적용된다. 그러니 죽음을 삶의 일부로 받아들이는 마음이 반드시 필요하다.

- 상실이 부여하는 의미를 이해하세요. 생명의 윤회에는 모두 의미가 있습니다. 그 의미를 찾아야만 슬픔을 진정으로 내려놓을 수 있습니다.

- 어떤 방식으로든 상실을 기념할 방법을 찾아보세요. 그림을 그리거나, 글을 쓰거나, 기록을 남기는 것 모두 치유의 방법이 될 수 있습니다.

- 자신을 재촉하지 마세요. 누구에게나 애도를 마주하는 자신만의 특별한 여정이 있으니까요.

- 주변에 애도 중인 사람이 있어 도와주고 싶을 때는 어떻게 해야 할까요? 먼저 따뜻한 위로를 건네고 자주 찾아가 그들이 규칙적인 생활을 할 수 있도록 최대한 도와줍니다. 위로의 마음에서 하는 말인 건 알지만, '강해지라'는 말은 삼가는 게 좋습니다. 대신 누구에게나 필요한 공감을 해 주세요. 특히 사랑하는 이를 잃은 사람에게는 따뜻한 동행이 무엇보다 큰 의미가 있습니다.

에필로그

심리상담의 '함정'을
어떻게 식별할까요?

지난 십여 년간 물질적 삶이 풍요로워짐에 따라 정신 건강에 대한 관심도 증가했습니다. 저 역시 국내 심리학의 급격한 성장을 목격했습니다. 그러나 여기서 주목해야 할 점은 국내에서는 심리학, 특히 심리상담이 여전히 생소한 분야라는 점입니다. 그래서 부족한 부분이 존재하며, 전문성이 부족한 상담사가 치료를 진행하는 경우도 더러 있습니다. 저도 다소 부족한 심리상담으로 2차 상처를 받는 내담자를 만난 적이 있습니다.

상담 중 한 내담자가 이렇게 말했습니다.

"박사님, 저는 이제 심리상담을 믿지 않아요. 박사님께도 도움을 못 받는다면 다시는 심리상담, 나아가 심리학을 믿지 못할 거예요."

그녀는 내게 이전 상담에서 겪은 일을 말해주었습니다.

"저는 자신감이 부족해서 항상 대인관계에 두려움을 느꼈어요. 그래서 심리상담을 받아보기로 했죠. 그런데 이 분야를 잘몰라서 인터넷 플랫폼으로 대충 아무 상담사를 찾았어요. 상담을 진행하다 보니 그분이 저를 격려하기보다는 계속 얕본다는느낌이 들더라고요. 그분은 제게 평생 상담이 필요하다면서 한번에 20회의 상담 비용을 지불하라고 종용했어요. 결국, 제 증상은 호전되기는커녕 더 악화되었죠. 지금 생각해 보니 그 분은제 심리 상태는 안중에도 없고, 제가 상담에 의존하도록 만들어장기 고객을 확보하려 했던 것 같아요."

그동안 이런 식으로 심리상담에서 2차 상처를 입는 내담자를종종 만나보았습니다. 이는 업계 윤리적 측면에서 매우 비정상적인 상황이지요. 현대 심리학과 심리상담은 새로운 삶을 선사할수 있지만, 그 전제는 '규범을 지키는 것'입니다.

그렇다면 문제가 발생했을 때 어떻게 도움을 요청해야 자신을 보호하면서도 심리상담 중 발생할 수 있는 여러 '함정'을 식별할 수 있을까요?

우선, 자격을 갖춘 심리상담사란 무엇인지 생각해 보아야 합니다. 박사과정 때 수강한 이론 수업에서 반복해서 강조한 내용 중 하나는 '상담사가 추가로 상처를 줘서는 안 된다'는 것이었습니다. 심리상담사로서 능력이 뛰어나지 않더라도 내담자를 돕겠다는 마음이 언제나 치료의 저변에 깔려있어야 한다는 뜻이죠.

상담을 예로 들어보겠습니다. 만약 첫 상담에서 내담자가 복잡한 병증을 보이거나, 심각한 트라우마를 겪었으며 현재도 강한 방어 기제를 보인다면, 자격을 갖춘 심리상담사는 치료 과정에서 강한 인내심을 가지고 접근합니다. 또 처음부터 내담자의 고통스러운 과거사를 파헤치는 대신, 마음을 안정시키는 인지 치료를 통해 추가적인 상처를 예방합니다.

심리적 상처는 생길 때마다 흉터를 남기며, 이 상처가 봉합되는 데 상당히 오랜 시간이 필요합니다. 단기간 내에 상처를 완전히 소독하고 붕대로 감싸줄 수 없다면, 무작정 파헤쳐서 더 큰 상처를 만드는 행동은 삼가야 합니다. 자기 능력을 과신한 일부 상담사가 있을 수도 있지만, 환자의 상처는 실력을 과시하기 위한 도구가 아닙니다. 이를 지키기 위해 상담사는 세 가지를 명심해야 합니다.

첫째, 내담자의 고통을 존중하고 추가적인 상처를 주지 않아야 합니다.

둘째, 자격을 갖춘 심리상담사는 높은 공감 능력을 갖춰야 합니다. 공감 능력은 자기 내면의 감정적 경험을 바탕으로 내담자와 감정적 유대를 형성하는 데 사용할 수 있습니다. 사실 상대방의 결점을 지적하는 것보다, 공감하고 그 노력을 알아봐 주는 것이 훨씬 어렵지만, 심리상담사 또는 심리상담사를 지망하는 사람이라면 이런 공감을 위해 최선을 다해야 합니다. 상담사는 공감하고, 경청하고, 분석하고, 집중하고, 인내할 줄 알아야 합니다. '내담자의 숨겨진 고통을 발견하고 변화를 위한 지식과 힘을 전달하는 것'이 공감의 가장 큰 의미입니다.

셋째, 자격을 갖춘 심리상담사는 내담자가 상담에 의존하도록 유도하는 것이 아니라, 내면의 힘을 키우는 데 더 집중해야 합니다. 심리상담의 궁극적인 목표는 내담자가 스스로 생각할 수 있는 능력과 변화를 위한 원동력을 갖추고, 이를 실천에 옮길 수 있도록 도와주는 것입니다. 최종적으로 변화를 끌어내는 요소는 상담사의 공로가 아닌 내담자의 '내적 동기'입니다. 사람은 자기 성찰을 통해서만 의식적으로 행동을 변화시킬 수 있고, 심리상담사는 내담자가 이런 성찰을 할 수 있도록 도와주는 조력자일 뿐입니다.

　그렇다면 신뢰할 만한 심리상담사는 어떻게 찾아야 할까요? 정규 대학의 정식 학위가 하나의 기준이 될 수 있습니다. 인지 행동 치료CBT, Cognitive Behavioral Therapy[70]는 많은 연구 결과, 효과가 가장 뛰어나다고 입증되었으며, 현재 국제적으로도 가장 많이 사용되는 치료 방법입니다. 영국에서 심리상담을 전공하는 박사생들은 졸업 전까지 CBT, 심리 역동 치료Psychodynamic Therapy, 그리고 인간 중심 치료Humanistic Therapy를 능숙하게 익혀야만 합니다. 사실 세 가지 치료 방법을 모두 숙달하기란 매우 어렵습니다. 그렇기 때문에 여러 치료법에 정통하다고 주장하는 심리 치료사가 있다면 의문을 품어볼 필요가 있습니다. 심리학의 여러 가지 표면적인 기술을 얕게 아는 것은 간단하지만, '정통'한 수준까지 도달하는 것은 매우 어렵기 때문입니다.

　그리고 여러분이 보통 많은 관심을 가지는 '심리학적 최면 요법'에 대해 말씀드리자면, 최면은 국제적으로 심리학으로 분류되지 않으며, 정규 심리상담 훈련에서도 다루지 않는 분야입니다.[71]

박사생의 훈련 과정에 포함되지 않는 또 다른 분야 중 하나는 융 심리학적 모래 놀이 치료[72]입니다. 이 요법은 대중성이 떨어지고, 과학적인 연구로 검증된 결과도 많지 않기에 심리상담의 훈련 체계에 포함되지 않습니다. 융 학파는 정신분석 전공으로 분류되며, 학습 기간도 최소 7년 이상 소요되기 때문에 이에 정통한 심리상담사는 절대 소수에 불과합니다.

엄밀히 구분하면 심리학 혹은 심리상담은 사회과학입니다. 만나자마자 상담만 받으면 모든 문제가 해결 가능하다고 장담하는 상담사를 경계해야 하는 이유입니다.

심리 문제는 오랜 시간 쌓여서 발생하는 만큼, 치료에도 그만큼의 인내심이 필요합니다. 일반적으로 심리상담은 기본 8회로 진행되며, 상담을 시작한다고 인생에 직면한 각종 문제가 곧바로 해결되지는 않습니다. 그러므로 심리상담의 기능을 지나치게 과장하고, 치료 시간을 줄일 수 있다고 주장하는 심리상담사가 있다면 이 또한 경계해야 합니다.

또한, 상담사마다 각자 전문 분야가 있습니다. 예를 들어, 저의 주요 치료 분야는 성인 우울증, 불안증 및 트라우마이기 때문에 섭식 장애, 환청, 복잡한 인격장애 등의 문제를 가진 환자분께는

잠시 쉬어 가세요, 런던의 심리상담실

다른 전문가와 상담하시기를 추천해 드립니다. 여러 심리 문제를 모두 치료할 수 있다고 주장하는 심리상담사는 전문성이 부족하다는 신호일 수도 있습니다.

심리상담사에게는 상담 능력도 중요하지만, 무엇보다 중요한 덕목은 치료 과정에서 심리치료의 규범을 지키는 것입니다. 예를 들어, 심리상담 중 과도한 신체적 접촉은 규범에 어긋나는 비도덕적인 행동입니다.

그 외에 심리상담사의 비용 청구도 주목해야 할 부분입니다. 정상적인 심리상담은 상담 횟수에 따라 요금이 책정됩니다. 내담자마다 필요한 상담 시간이 다르기 때문입니다. 따라서 상담을 결정할 때, 자격을 갖춘 심리상담사의 상담 요금이 정확히 명시되어 있는지 확인해야 합니다.

일반적으로 내담자는 회차별 상담 시간에 따라 비용을 지불하며, 사전에 상담 횟수를 구매하는 방식은 통용되지 않습니다. 또 상담이 시작되면 심리상담사는 내담자와 함께 치료 목표를 설정합니다. 예를 들어, 우울증을 어떻게 줄일지, 불안감을 어떻게 마주할지 등의 목표가 있습니다. 치료가 종료되면 상담사는 치료 진도를 짧게 요약하여 내담자의 변화를 확인해 주며, 그들이 남에게 의존하지 않고 더욱 독립적으로 인생을 건설할 수 있도록 도와줍니다. 영국 공립병원 심리상담사는 내담자를 더 잘 보호하기 위해 매 상담이 종료될 때마다 내담자에게 이번 회차의 상담에 대한 점수를 매겨달라는 요청을 합니다.

그렇다면 모든 상황이 '적합'하다는 가정하에, 나에게 맞는 심리상담사를 어떻게 찾을 수 있을까요?

이에 대한 답은 여러 번 시도해 보는 것입니다. 심리상담사는 다양한 치료법을 활용합니다. 예를 들어, 과거의 성장 환경과 현재의 생활 방식을 연결하는 데 집중하는 심리 역동 치료법은 치료 기간이 상대적으로 길고, 행동 변화를 추구하는 인지 치료법은 비교적 짧은 기간 안에 내담자의 행동 방식 또는 사고방식을 변화시킬 수 있습니다.

모든 치료법에는 각각의 치료 포인트가 있고, 상담사마다 진료 스타일이 있기 때문에 내담자는 자신에게 어떤 치료가 필요한지, 상담사와 어떻게 감정적으로 연결될지를 신중하게 고려해야 합니다. 내담자와 심리상담사가 감정적으로 올바르게 연결되지 않으면 좋은 치료 효과를 얻기 어렵기 때문입니다.

심리상담사와 내담자는 친구 사이가 아니라는 점을 다시 한번 강조하고 싶습니다. 경계가 명확하고 지위고하가 없기에 심리상담사가 공격을 받기도 하고, 반격할 수도 있습니다.

　제게 **'심리상담'이란 따뜻한 시선과 경청을 통해 내담자가 주관적 의식**
을 탐구하도록 이끄는 과정입니다. 그리고 무엇보다 중요한 것은 내
담자 자신이 변화의 가장 큰 원동력이 될 수 있다고 굳게 믿어야
합니다. 이것이 제가 생각하는 적절한 상담사와 내담자의 관계입
니다.

　상담사가 자신의 능력을 과신하거나 직업적 의미를 과대평가
하면 무력감을 느끼거나 에너지가 소진될 수도 있습니다. 모든
상담에 성실히 임하여 내담자에게 자기 성찰의 기회를 제공하고,
모든 이의 잠재적 역량을 믿으며, 자신의 직업을 존중하는 것이
심리상담사가 가져야 할 직업적 소양일 것입니다.

　마지막으로, 심리적 어려움으로 도움을 구하려는 분들께 전하
고 싶은 말이 있습니다.

　도움을 구하겠다는 마음만으로도 당신의 용기는 이미 충분히
증명되었습니다. 그 길에는 수많은 장애물이 존재하겠지만, 그래
도 괜찮습니다.

　당신을 위한 등대가 언제나 불을 밝히고 있을 테니까요.

에필로그

자존감 측정 테스트

1965년 모리스 로젠버그Morris Rosenburg 박사가 개발한 자기 존중감 척도SES, Self-Esteem Scale[73]는 청소년의 자기 가치 및 수용에 관한 인식 정도를 측정하기 위해 사용되었으며, 중국 심리학계에서도 가장 많이 쓰이는 자존감 측정 방법이다.

이 표는 5개의 긍정 점수 항목과 5개의 부정 점수 항목으로 구성되어 있으며, 측정 편의성을 고려하여 응답자가 자신에게 해당하는 설명을 직접 확인하고 선택할 수 있도록 설계되었다.

1. 나는 가치 있는 사람이며, 최소한 다른 사람과 비슷하다.
 (1) 매우 그렇다 (2) 그렇다 (3) 아니다 (4) 전혀 아니다 ☐

2. 나는 장점이 많다.
 (1) 매우 그렇다 (2) 그렇다 (3) 아니다 (4) 전혀 아니다 ☐

3. 전반적으로 나는 실패자라고 여기는 경향이 있다.
 (1) 매우 그렇다 (2) 그렇다 (3) 아니다 (4) 전혀 아니다 ☐

4. 나는 무슨 일이든 다른 사람만큼 할 수 있다.
 (1) 매우 그렇다 (2) 그렇다 (3) 아니다 (4) 전혀 아니다 ☐

5. 나는 스스로 자랑스러워할 만한 점이 없다.

   (1) 매우 그렇다 (2) 그렇다 (3) 아니다 (4) 전혀 아니다 ☐

6. 나 자신에게 긍정적인 태도를 가지고 있다.

   (1) 매우 그렇다 (2) 그렇다 (3) 아니다 (4) 전혀 아니다 ☐

7. 전반적으로 나 자신에게 매우 만족한다.

   (1) 매우 그렇다 (2) 그렇다 (3) 아니다 (4) 전혀 아니다 ☐

8. 나 자신을 더 존중할 수 있으면 좋겠다.

   (1) 매우 그렇다 (2) 그렇다 (3) 아니다 (4) 전혀 아니다 ☐

9. 가끔 내가 정말 쓸모없게 느껴진다.

   (1) 매우 그렇다 (2) 그렇다 (3) 아니다 (4) 전혀 아니다 ☐

10. 가끔 나 자신이 아무 가치가 없게 느껴진다

   (1) 매우 그렇다 (2) 그렇다 (3) 아니다 (4) 전혀 아니다 ☐

이 테스트는 4점을 만점으로 채점되며, 항목 1, 2, 4, 6, 7은 긍정 점수로 '매우 그렇다'는 4점, '그렇다'는 3점, '아니다'는 2점, '전혀 아니다'는 1점으로 평가하고, 항목 3, 5, 8, 9, 10은 부정 점수로 '매우 그렇다'는 1점, '그렇다'는 2점, '아니다'는 3점, '전혀 아니다'는 4점으로 평가합니다. 점수 범위는 10~40점이며, 점수가 높을수록 자존감이 높음을 의미합니다.

참고 문헌

1   CURRAN T, HILL A P, WILLIAMS L J. The relationships
     between parentalconditional regard and adolescents' self-critical
     and narcissistic perfectionism [J]. Personality and Individual
     Differences, 2017, 109 : 17-22.

2   FRY P S, DEBATS D L.Perfectionism and the Five-factor
     Personality Traits as Predictors of Mortality in Older Adults [J].
     Journal of Health Psychology, 2009, 14(4) : 513-524.

3   CALHOUN L G , TEDESCHI R G. Posttraumatic Growth in
     Clinical Practice , 2012.

4   COSTA H J. Effect of short-term practice of breathing exercises
     on the breathing capacity in children [J]. Current Investigations in
     Clinical and MedicalResearch, 2021, 1(2).

5   CICCARELLI S K , WHITE J N. Psychology : DSM 5 [M].
     Boston : Pearson, 2014.

6   HART J , BJÖRGVINSSON T. Health anxiety and
     hypochondriasis : Description and treatment issues highlighted
     through a case illustration [J]. Bulletin of the Menninger Clinic,
     2010, 74(2) : 122-140.

7   MATÉ G. When the body says no : the cost of hidden stress [M].
     Toronto : Vintage Canada, 2012.

8   SEXTON K A, DUGAS M J. Defining distinct negative beliefs
     aboutuncertainty : Validating the factor structure of the
     Intolerance of Uncertainty Scale. [J]. Psychological Assessment,
     2009, 21(2) : 176-186.

9   LASHER K P, FAULKENDER P J. Measurement of Aging
     Anxiety : Development of the Anxiety about Aging Scale [J]. The
     International Journal of Aging and Human Development, 1993,

잠시 쉬어 가세요, 런던의 심리상담실

37(4)∶247-259.

10 장아이링, 전기 [M], 베이징∶ 베이징北京 스웨十月 문예 출판사, 2021.

11 LIM K T, YU R. Aging and wisdom∶age-related changes in economic and social decision making [J]. Frontiers in Aging Neuroscience, 2015, 7.

12 BANKS J. The Age of Opportunity∶European Efforts Seek to Address the Challenges of an Aging Population and Also Create Opportunities for Economic Growth and Innovation [J]. IEEE Pulse, 2017, 8(2)∶12-15.

13 FLASKERUD J H, LIU P Y. Effects of an Asian client-therapist language, ethnicity and gender match on utilization and outcome of therapy [J]. Community Mental Health Journal, 1991, 27(1)∶31-42.

14 FREEDMAN S R, ENRIGHT R D. A Manualized Forgiveness Therapy for Incest Survivors [J]. Psycextra Dataset, 1997.

15 LUUTONEN S. Anger and depression—Theoretical and clinical considerations [J]. Nordic Journal of Psychiatry, 2007, 61(4)∶246-251.

16 ZHANG C, YE M, FU Y, et al. The psychological impact of the covid-19 pandemic on teenagers in China [J]. Journal of Adolescent Health, 2020, 67(6)∶747-755.

17 SELIGMAN M E, RASHID T, PARKS A C. Positive psychotherapy. [J]. American Psychologist, 2006, 61(8)∶774-788.

18 MARS B, HERON J, CRANE C. Clinical and social outcomes of adolescent self harm∶Population based birth cohort study [J]. BMJ, 2014, 349(oct20 5).

19 CALHOUN L G, TEDESCHI R G. Posttraumatic growth in clinical practice, 2012.

20 BUCK R. Emotional development and emotional education [J].

Emotions inEarly Development, 1983 : 259-292.

21 BARRETT L F. How emotions are made : The secret life of the
    brain [M]. S.l. : PICADOR, 2020.

22 DULEWICZ V, HIGGS M. Emotional intelligence – A review and
    evaluation study [J]. Journal of Managerial Psychology, 2000,
    15(4) : 341-372.

23 LEDOUX J. Cellular and Molecular Neurobiology, 2003,
    23(4/5) : 727-738.

24 VAILLANT G E. Defense mechanisms [J]. Encyclopedia of
    Personality and Individual Differences, 2020 : 1024-1033.

25 FENNELL M J. Low self-esteem [J]. Encyclopedia of Cognitive
    Behavior Therapy : 236-240.

26 ROSENBERG M. Rosenberg self-Esteem Scale [J]. Psyctests
    Dataset, 1965.

27 BEDIAKO S M, FRIEND R. Illness-specific and general
    perceptions of social relationships in adjustment to rheumatoid
    arthritis : The role of Interpersonal Expectations [J]. Annals of
    Behavioral Medicine, 2004, 28(3) : 203-210.

28 SCHEFF T J. Shame in self and Society [J]. Symbolic Interaction,
    2003, 26(2) : 239-262.

29 LEWIS M. The self-conscious emotions and the role of shame
    in psychopathology [J]. Handbook of Emotional Development,
    2019 : 311-350.

30 Johnson E A, O' Brien K A. Self-compassion soothes the savage
    ego-threat system : Effects on negative affect, shame, rumination,
    and depressive symptoms. Journal of Social and Clinical
    Psychology, 32(9), 939-963.

31 Tangney J P, Miller R S, Flicker L, Barlow D H. Are shame,
    guilt , and embarrassment distinct emotions? Journal of

잠시 쉬어 가세요, 런던의 심리상담실

Personality and Social Psychology, 70(6), 1256-1269.

32   LEWIS M. The self-conscious emotions and the role of shame
     in psychopathology [J]. Handbook of Emotional Development,
     2019 : 311-350.

33   Yorke C, Balogh T, Cohen P, Davids J, Gavshon A, McCutcheon M,
     McLean D, Miller J, Szydlo J. The development and functioning of
     the sense of shame. The Psychoanalytic Study of the Child, 45(1),
     377-409.

34   Umberson D, Williams K. Family status and mental health.
     Handbooks of Sociology and Social Research, 225-253.

35   Kübler-Ross E, Kessler D. Finding the meaning of grief through
     the five stages of loss. Simon & Schuster.

36   Wyatt Z. "I am not what happened to me, I am what I choose to
     become"walking the journey with Cambodian wounded healers
     [J]. ICSP Conference Proceedings 2022.

37   IBARAKI A Y, HALL G C. The components of cultural match
     in Psychotherapy [J]. Journal of Social and Clinical Psychology,
     2014, 33(10) : 936-953.

38   KLEIN M. On the theory of anxiety and guilt [J]. Developments
     in Psychoanalysis, 2018 : 271-291.

39   STOMPE T, ORTWEIN-SWOBODA G, CHAUDHRY H R, et al.
     Guilt and depression : A Cross-Cultural Comparative Study [J].
     Psychopathology, 2001, 34(6) : 289-298.

40   KALINKOWITZ B. Helen Block Lewis (1913-1987). [J].
     Psychoanalytic Psychology, 1987, 4(2) : 95-99.

41   NG F, POMERANTZ E M, DENG C. Why are Chinese mothers
     more controlling than American mothers? My child is my report
     card [EB/OL]. Child development, U.S. National Library of
     Medicine, 2014. (2014) [2023-09-21].

참고 문헌

42   Brenner C. Defense and Defense Mechanisms [J/OL]. The Psychoanalytic Quarterly, 50(4), 557–569.

43   Guillaume S, Jaussent I, Olié E, Genty C, Bringer J, Courtet P, Schmidt U. Characteristics of suicide attempts in anorexia and bulimia nervosa: A casecontrol study. PloS one.

44   Hill A J. The psychology of Food Craving [J]. Proceedings of the Nutrition Society, 66(2), 277-285.

45   Rice T R, Hoffman L. Defense mechanisms and implicit emotion regulation. Journal of the American Psychoanalytic Association, 62(4), 693-708.

46   HARRIS P. Maslow, Abraham (1908-1970) and hierarchy of needs [J]. The Palgrave Encyclopedia of Interest Groups, Lobbying and Public Affairs, 2022 : 886-888.

47   DAVIDSON M, WATSON W. Helen Keller [M]. New York : Scholastic Book Services, 1997.

48   HILL J. See what you made me do : Power, control and domestic abuse [M]. Carlton, VIC : Black Inc., 2021.

49   WU D Y H, TSENG W-S. Introduction : The characteristics of Chinese culture [J]. Chinese Culture and Mental Health, 1985 : 3-13.

50   EVANS W N, OATES W E, SCHWAB R M. Measuring peer group effects : A study of teenage behavior [J]. Journal of Political Economy, 1992, 100(5) : 966-991.

51   MUNLEY P H. Erik Erikson's theory of Psychosocial Development and vocational behavior. [J]. Journal of Counseling Psychology, 1975, 22(4) : 314-319.

52   SHARPLEY C F. The influence of silence upon clinet-perceived rapport [J]. Counselling Psychology Quarterly, 1997, 10(3) : 237-246.

53 DI GIUSEPPE M, PERRY J C, CONVERSANO C. Defense mechanisms, gender, and adaptiveness in emerging personality disorders in adolescent outpatients [J]. Journal of Nervous & Mental Disease, 2020, 208(12): 933-941.

54 BARRETT-LENNARD G. Carl Rogers' helping system: Journey and substance, 1998.

55 SELIGMAN M E, RASHID T, PARKS A C. Positive psychotherapy [J]. American Psychologist, 2006, 61(8): 774-788.

56 NELSON-JONES R. Six key approaches to counselling and therapy [M]. London: Sage Publications Ltd, 2011.

57 ROGERS C R, KRAMER P D. On becoming a person: A therapist's view of psychotherapy [M]. Boston: Houghton Mifflin, 1995.

58 DE QUEIROZ F S, ANDERSEN M B. Psychodynamic approaches [J]. Applied Sport, Exercise, and Performance Psychology, 2020: 12-30.

59 FROHARDT R, GILBERT D, WEGNER D, et al. Study guide to accompany psychology, second edition by Daniel L. Schacter, Daniel T. Gilbert, Daniel M. Wegner. New York, NY: Worth, 2011: 26.

60 BERNARD M E. The strength of self-acceptance: Theory, practice and Research [M]. Berlin: Springer, 2015.

61 FERRARI M, YAP K, SCOTT N, et al. Self-compassion moderates the perfectionism and Depression link in both adolescence and adulthood [J]. PLOS ONE, 2018, 13(2).

62 MADDI S R, HARVEY R H, KHOSHABA D M, et al. The relationship of hardiness and some other relevant variables to college performance [J]. Journal of Humanistic Psychology, 2011, 52(2): 190-205.

63 FRIEDMAN M. Maurice Friedman: On Martin Buber [J].

PsycEXTRA Dataset, 1983.

64 STÖBER J. Self-pity : Exploring the links to personality, control beliefs, and anger [J]. Journal of Personality, 2003, 71(2) : 183-220.

65 레프 톨스토이, 안나 카레니나[M]. 베이징: 인민문화출판사, 2020

66 FREUD S, GAY P. The freud reader. New York : W.W. Norton, 1989 : 664-665.

67 DANQUAH A N, BERRY K. Attachment theory in Adult Mental Health : A Guide to Clinical Practice [M]. London : Routledge, Taylor & francis Group, 2014.

68 KÜBLER-ROSS E, BYOCK I. On death & dying : What the dying have to teach doctors, nurses, clergy & their own families [M]. New York, NY : Scribner, 2019.

69 WORDEN J W. Grief counseling and grief therapy : A handbook for the mental health practitioner [M]. New York, NY : Springer Publishing Company, LLC, 2018.

70 HAYES S C. Process based CBT: The Science and Core Clinical Competencies of cognitive behavioral therapy[M]. Context Press, 2018.

71 BROWN D P, FROMM E. Hypnotherapy and hypnoanalysis, 2013.

72 Limitations of sand tray therapy[EB/OL]. Sand Tray Station, [2023-09-21].

73 ROSENBERG M. Rosenberg self-Esteem Scale[J]. PsycTESTS Dataset, 1965.

잠시 쉬어 가세요,
런던의 심리상담실

펴낸날 2025년 4월 10일 1판 1쇄

지은이 인이이
옮긴이 장려진
펴낸이 김영선
부대표 김대수
편집주간 이교숙
책임교정 정아영
교정·교열 나지원, 이라야, 남은영
경영지원 최은정
디자인 김리영
마케팅 신용천

펴낸곳 이든서재
주소 경기도 고양시 덕양구 청초로 10 GL 메트로시티한강 A동 20층 A1-2002호
전화 (02) 323-7234
팩스 (02) 323-0253
홈페이지 www.mfbook.co.kr
출판등록번호 제 2-2767호

값 18,800원
ISBN 979-11-989346-8-0(03180)

이든서재와 함께 새로운 문화를 선도할 참신한 원고를 기다립니다.
이메일 dhhard@naver.com (원고 투고)